De la violence coloniale dans l'espace public

Visite du triangle de la Porte Dorée à Paris

Françoise Vergès,
Seumboy Vrainom :€

BANGUI
OUBANGUI CHARI
BANGASSO
TAMBOURA
DÉCOLONISONS PARIS !

La collection « Arpentages » est inspirée par la méthode de lecture collective et d'éducation populaire issue de la culture ouvrière.

01. Commentaire et jet de peinture sur le monument à la mission Marchand en juin 2020. Le monument, situé avenue Daumesnil dans le 12e arrondissement de Paris (en face de l'actuel Musée de l'immigration) fait régulièrement l'objet d'actions anticoloniales depuis les années 70. On a pu par exemple y lire : « À bas l'impérialisme français » en 1972, en 2010, « Mayotte n'est pas à vendre, Mayotte est comorienne », en 2016 : « On chie sur votre nostalgie coloniale » et « À bas l'état d'urgence ». La statue du général Marchand de 3 mètres de haut (qui se tenait sur la droite, hors champ ici) a aussi été dynamitée en 1983 par le groupe Alliance Révolutionnaire Caraïbe (ARC).

www.shed-publishing.com
ISBN : 978-2-9577498-0-5
Dépôt légal : octobre 2021

Sommaire

Cet ouvrage est rédigé en écriture multigenre, avec le masculin, la féminine et læ neutre. Les -x, -æ, accent tréma, -fv et l'accord de proximité sont des variantes neutres que nous utiliserons en fonction des mots employés.

ils sont heureux devient iellx sont heureuxses
ils sont algériens devient iellx sont algériænnes
ils sont enchantés devient iellx sont enchantéëes
ils sont surpris devient iellx sont surprixses
travailleurs devient travailleürses
auteurs devient aüteurices
intellectuels devient intellectüelles
anticoloniaux devient anticoloniaüx, ou anticoloniäles
ils sont nombreux devient iellx sont nombreüxses
peut-on être naïf ? devient peut-on être naïfve ?
le / læ / la
lui / ellui / elle
eux / elleux / elles
un / unx / une
tous / toüstes / toutes
sa / sæon / son

Nous espérons que ce choix ne vous exclura pas et que vous saurez vous retrouver en -e, -s, tréma ou -x, lorsque des figures genrées seront évoquées. Le genre masculin est à notre sens un genre en effet, parmi d'autres. Par conséquent, il ne peut pas à lui seul représenter l'ensemble des membres d'une société. Cher masculin, nous allons te retirer ce poids que tu n'avais pas à prendre, et assumer notre place, nos compétences civique ou littéraire, à tes côtés.

C'est pourquoi nous libérons nos accords, en vous les précisant toutefois avant que vous n'entamiez votre lecture car l'écriture multigenre est, nous semble-t-elle, en cours : d'élaboration, d'appropriation et d'émancipation.

Guide d'écriture multigenre

Le 21 septembre 2019, les membres de l'association Décoloniser les Arts (DLA, créée en 2015) invitent le public à participer à une visite décoloniale du Musée national de l'histoire de l'immigration (MNHI), situé dans le 12e arrondissement de Paris. Enregistrée par la radio R22 tout-monde et retranscrite par Shed publishing, cette visite, qui a constitué la trame de départ du présent ouvrage, ne s'intéresse pas au contenu du Musée mais à son bâtiment, et s'applique à en explorer son histoire. Il s'agit alors pour DLA de contextualiser les immenses bas-reliefs sculptés dans la pierre du Musée, ainsi que le monument à la mission Marchand qui lui fait face.

Conceptualisée ensuite en atelier *décolonial in situ* – dont nous nous attacherons également à décrire la pratique et les objectifs – cet atelier/visite fut programmé au second semestre 2019 de l'Université Décolonisons les arts (UDLA), ouvrant quatre séances dédiées au thème « Imaginer notre musée décolonial[1] ».

Ces séances posaient les principes et les perspectives d'un musée décolonial. Faut-il continuer à parler de « musée » ? Et s'il faut l'imaginer, avec quelle architecture ? Quels objectifs ? Quels publics ? Quels objets ? Quels récits ? Quel organigramme ? Quels parcours ? En d'autres termes, que ferions-nous si nous devions raconter l'histoire des migrations provoquées par la colonisation et l'impérialisme, en allant au-delà de la critique des limites, des manques et des absences du MNHI ? Comment rendre visible le long temps de la décolonisation, cette dernière ne se réduisant pas à la conquête de l'indépendance, mais étant la remise en cause radicale des épistémologies qui justifient inégalités, injustices, racisme, sexisme et impérialisme.

1. Seules trois séances eurent lieu, la suivante étant annulée en solidarité avec le mouvement contre la réforme des retraites pendant lequel DLA rejoignit le collectif « Art en grève » en décembre 2019.

Introduction

Il y a Porte Dorée, en haut de l'avenue Daumesnil à Paris 12e, ce que nous allons appeler un « triangle colonial », soit trois monuments voisins qui offrent un condensé de l'histoire culturelle, économique, raciale et politique de l'empire colonial français. À la pointe de ce triangle se dresse la statue de la France en Athéna qui, en 1931, trônait en haut des marches du musée des Colonies [fig. 2], aujourd'hui Musée national de l'histoire de l'immigration (MNHI) [fig. 1]. Ce dernier constitue un des angles de base du triangle, le troisième étant le monument à la mission Marchand[1] [page 4], situé face au Musée de l'autre côté de l'avenue.

Dans un arrondissement où abondent les traces de l'histoire coloniale, cet espace présente des éléments qui mettent à jour la matrice raciale/coloniale/genrée légitimant, hier comme aujourd'hui, l'extraction de richesses et la mise sous silence de crimes.

Couronnant un territoire marqué par le passé colonial

Dans leur *Guide du Paris colonial et des banlieues*[2], Didier Epsztajn et Patrick Silberstein nous apprennent que Paris est *« la ville du monde qui compte le plus grand nombre de voies portant le nom de soldats »*. À Paris, plus de deux cent noms de voies sont « explicitement » liés au « colonial », et le 12e y tient une place particulière car nombreuses y sont les rues et les avenues nommées d'après des partisans de l'esclavagisme et de la colonisation[3].

2. Didier Epsztajn et Patrick Silberstein, *Guide du Paris colonial et des banlieues*, éditions Syllepse, 2018, p.8.
3. Les autres arrondissements sont le 7e, 15e, 16e et 17e.

Parmi les trente-cinq noms coloniaux du 12e, retenons ceux du Général Dodds, qui mena la répression à La Réunion en 1868. Il conquit le Dahomey (sud-ouest de l'actuel Bénin) en 1892, où il pilla le trésor du roi Béhanzin pour le rapporter en France. Une partie de ce trésor se trouve actuellement au musée du quai Branly-Jacques Chirac. Citons Jacques-François Dugommier, planteur en Guadeloupe et fervent partisan de l'esclavage. Prenons le général Louis Archinard, « pacificateur » en Afrique occidentale et directeur de la défense au ministère des Colonies en 1895. À ces noms, ajoutons les 159 autres qui s'étalent sur le mur latéral gauche du Musée, sous cette phrase : *« À ses fils qui ont étendu l'empire de son génie et fait aimer son nom au-delà des mers, la France reconnaissante »* [voir planche 1]. La liste de tous ces noms crée, avec ceux que portent les rues du 12e arrondissement, un environnement masculin, colonial et racial[4].

Dans ce triangle de la Porte Dorée, nous sommes donc, pouvons-nous dire, au sommet d'un territoire marqué par le colonial/racial[5], et ce d'autant plus qu'à partir de la Porte Dorée fut construite l'Exposition coloniale internationale de 1931, dont des traces sont toujours visibles dans le parc de Vincennes.

4. L'historien Pascal Blanchard, à la suite de la mission que lui a confiée Emmanuel Macron, a rendu un rapport en mars 2021 où le comité qu'il dirigeait a proposé les noms de 318 personnalités qui « ont contribué à notre Histoire mais n'ont pas encore trouvé leur place dans notre mémoire collective ».
5. J'utilise le terme « colonial/racial » car il ne peut y avoir de colonie, de système colonial sans lois racialisantes, sans hiérarchisation des groupes, sans animalisation et sexualisation des corps non-blancs.

Ces trois monuments permettent de mettre en lumière les liens entre deux politiques, celle d'hier et celle d'aujourd'hui. D'une part entre armée et exploitation, extraction et conditions de travail et d'autre part, entre les résistances multiples au racisme et à l'impérialisme. Le triangle de la Porte Dorée montre le lien entre la représentation de la France en figure de sagesse (la statue d'Athéna[8]) tandis qu'elle fait la guerre aux peuples (Athéna est également la déesse de la stratégie militaire), entre l'armée et l'exploration (soldats et explorateurs du monument Marchand ouvrent la voie aux colons), entre les richesses obtenues par le travail forcé et la dépossession (les bas-reliefs sculptés sur la façade du Musée).

Une pédagogie est donc possible autour du régime et des conditions de l'extractivisme, qui se déploient sur l'immense bas-relief de la façade du Musée où des corps colonisés, féminins et masculins, à jamais figéëes au travail, extraient les ressources destinées à enrichir la France.

Nous pouvons tirer des fils avec le présent en examinant les interventions de l'armée française sur le continent africain afin de protéger les multinationales françaises. En débattant des complicités de ces dernières avec des régimes autoritaires. En sondant les relations de l'État avec des régimes contestés par leurs peuples. En sondant les relations de l'État avec l'industrie des armes. En exposant les extractions nécessaires à l'économie capitaliste française. En regardant en face les iné-

8. Je n'ai pas trouvé pourquoi en 1931, ce choix de la France en Athéna est fait, sauf à se dire que c'est cette idée de la sagesse et du pouvoir qui est visé.

galités et les injustices qui les accompagnent. En se focalisant sur les résistances politiques, artistiques et intellectuelles à cette économie et à ce racisme, en Afrique et dans les « Outre-mer ». Mais aussi, en s'intéressant aux résistances en France. Nous pouvons finalement analyser la mise à distance, par des élites, de ce qui est inévitable. Soit, la lutte contre le racisme et l'exploitation, en mettant en lumière le fait que la conception du Palais de la Porte Dorée [7] (inauguré en 1931) et du monument Marchand (inauguré en 1949) se firent à une période où l'empire colonial français se fissurait. Et les attaques actuelles contre la décolonisation de l'espace public ont lieu au moment où les mouvements antiracistes se renforcent. Ce qui est visé ici, c'est aussi comprendre les raisons qui conduisent aux choix de célébrer l'extractivisme (illustré sur la façade du Musée) ou bien un homme comme Jean-Baptiste Marchand, dont les actes sont décrits plus loin, et de poser la question du consentement à l'injustice et au racisme.

7. Le bâtiment, baptisé Palais de la Porte Dorée, abrite depuis 2007 ce qui deviendra, en 2012, le Musée national de l'histoire de l'immigration (MNHI). Il a été de 1931 à 1935, le musée des Colonies — avec la dédicace « À la France colonisatrice et civilisatrice », puis le Musée « des colonies et de la France extérieure » en 1932, en 1935 le « Musée de la France d'outre-mer », en 1960, le « Musée des Arts africains et océaniens » et de 1990 à 2003 (date à laquelle il ferma ses portes) le « Musée national des Arts d'Afrique et d'Océanie ». En juillet 2004, le premier ministre Jean-Pierre Raffarin décide d'y installer une « Cité nationale de l'histoire de l'immigration » (CNHI), qui sera ouverte en octobre 2007. En janvier 2012, l'Établissement public du Palais de la Porte Dorée est officiellement créé par décret. Il regroupe en son sein un monument historique, le Palais de la Porte Dorée, le Musée national de l'histoire de l'immigration et un aquarium tropical. On voit bien ici comment un seul bâtiment change de nom et de fonction au cours des années, sous la volonté des gouvernements.

Des vigiles de bronze et de pierre

1

« Monde compartimenté, manichéiste,
immobile, monde de statues :
la statue du général qui a fait la conquête,
la statue de l'ingénieur qui a construit le pont.
Monde sûr de lui, écrasant de ses pierres
les échines écorchées par le fouet.
Voilà le monde colonial. »

Frantz Fanon, *Les Damnés de la terre*, dans *Œuvres*,
La Découverte, 2011 [1961], p. 463.

Il y a le Paris « ville romantique », « ville de l'amour », ville iconique de mansardes, rues pavées et toits gris, Tour Eiffel et Montmartre, Pont des Arts et quais de Seine. Une ville célébrée au cinéma et dans la littérature pour sa beauté, son élégance et son charme. Il y a le Paris des révolutionnaires, le Paris ouvrier, le Paris rouge, de la Commune de Paris, des barricades et des insurrections. Il y a le Paris du 17 octobre 1961, des manifestations anticoloniales, des bals antillais, des hôtels et des foyers de travailleurxses immigréëes. Il y a le « Paris noir », le « Paris maghrébin », le « Paris asiatique », le Paris des intellectüelles, artistes et écrivainxes anti-impérialistes et antiracistes, le Paris de féministes, d'anarchistes, et d'antifascistes[III]. Il y a le Paris du quotidien de celleux qui le portent. Des Paris qui se croisent et s'entrecroisent, fondent des alliances, des Paris qui restent vivants dans la longue durée des mémoires de résistance.

Et il y a le Paris colonial. À la fois visible et caché. Car la colonie est, bien plus qu'on ne le pense, toujours présente dans les villes et les villages de France. Lisible dans l'architecture, les monuments, la représentation féminine des continents colonisés, les marques de produits, la publicité, les noms de boutiques, de bars et de restaurants. Visible, avec ses statues, monuments et noms de rues qui magnifient la conquête coloniale, l'esclavage, le travail forcé, les massacres, la domination, la négation d'une humanité et construit un *environnement hostile*[8]. Caché, car ces statues et monuments ne disent rien

8. « Créer un environnement hostile » fut l'expression utilisée par Theresa May, alors ministre de l'Intérieur du gouvernement britannique de David Cameron (2016), pour prendre les mesures nécessaires qui rendront insupportable la vie des personnes ne disposant pas

de la réalité des traites et des génocides, des dévastations et des vies détruites, ni des résistances culturelles, politiques et artistiques à ces assauts. La violence symbolique de cet environnement dessine à travers la ville, l'air de rien, le parcours d'une domination raciale, sexiste et classiste. Une mélancolie postcoloniale est à l'œuvre et une nostalgie pour la colonisation imprègne l'œil[Θ].

Un monde bourgeois et blanc

La beauté de Paris nc peut masquer le fait que nous traversons chaque jour un monde bourgeois, masculin et racialisé. Nous marchons dans *une ville inhospitalière*, dont les monuments exaltent des victoires militaires et des généraux, confortant un récit national d'où sont exclues les classes populaires, les insurgéëes, les femmes, les rebëlles, les esclavagiséëes et les anticoloniaüx. Où sont les monuments célébrant la Commune de 1871 ? Pourquoi Paris ne compte-t-il que 37 statues de personnalités féminines sur 350 statues de personnalités[IV] ? En fait, ni les représentations féminisées de l'Asie et de l'Afrique, ni les statues de corps noirs à demi-nus, de corps asiatiques et arabes soumis, ni le déséquilibre entre le nombre de statues de personnalités féminines et celui de personnalités masculines, ni les statues qui reflètent la fierté française pour la colonisation ne sont neutres.

des « bons documents » jusqu'à ce qu'elles soient forcées à quitter le Royaume-Uni (source : education4refugees.org)

Θ. Sur la mélancolie postcoloniale, lire : Paul Gilroy, *Mélancolie postcoloniale*, Traduit de l'anglais par Marc Saint-Upéry (éditions b-42, 2020), dans lequel Gilroy analyse la pathologie néo-impérialiste qui résulte de l'impossible deuil de l'empire colonial et qui trouve une expression dans les débats sur l'immigration et les politiques anti-migrantxes. En France, Négrophobie et Islamophobie sont des symptômes de cette mélancolie.

La ville efface les présences historiques des colonisé·e·s, de leurs activités culturelles, politiques et sociales. Elle crée un espace où les passant·x·es marchent littéralement au pied de « grands » hommes qui, rappelant les défaites et les massacres de leurs ancêtres, contribuent aux rituels quotidiens de l'humiliation de race, de genre et de classe qui confortent la suprématie blanche[10 V] et patriarcale. Ces hommes, toujours sculptés en posture dominante, ont, au cours de leur vie, circulé entre France et colonies et appliqué aux classes populaires les politiques de répression qu'ils avaient menées contre les peuples colonisés. Ils sont les vigiles de pierre et de bronze d'une ville blanche, bourgeoise et coloniale.

Il est indéniable que le Paris « capitale de l'amour » a aussi été, entre le XVe et le XXe siècle, la capitale d'un empire colonial, esclavagiste et post-esclavagiste. Les pouvoirs successifs ont exhibé ce qui faisait leur gloire et, inévitablement, du fait de la structure masculine et raciale du pouvoir, bâtiments et monuments ont été conçus pour mettre en scène l'esprit de conquête, le patriarcat, l'oppression et la domination. Ce n'est dès lors pas surprenant que les opprimé·e·s aient souhaité faire disparaître des symboles de leur asservissement. Installer des statues et des monuments est donc un choix politique, et celui-ci reflète un contexte, un moment, une volonté. Les mouvements antiracistes, féministes, queer et décoloniaux qui, aujourd'hui, réactivent cette lutte, demandent à leur tour que

10. Rappelons-le, « Blanc » désigne une position sociale et raciale produite par l'histoire esclavagiste et coloniale et qui assure des privilèges sociaux, politiques, économiques et culturels. Ainsi, comme l'explique Stuart Hall, la race est une modalité par laquelle la classe est vécue.

des statues et des monuments disparaissent de l'espace public. Leur objectif est simple : décoloniser la ville.

Mais, avant d'examiner les éléments qui font du triangle colonial de la Porte Dorée le lieu adéquat pour tenir un *atelier décolonial in situ*, nous allons revenir sur une des actions de l'année 2020 qui a posé, de manière radicale, la question de la décolonisation de l'espace public : le déboulonnage de monuments et de statues. C'est d'autant plus pertinent, qu'à nos yeux, enlever le monument Marchand de l'espace public se défend.

De notre point de vue, les trois éléments du triangle colonial pourraient être abordés différemment qu'ils ne le sont aujourd'hui. Le Palais de la Porte Dorée pourrait être conçu et consulté comme une archive, de la même manière que l'on étudie une archive coloniale (par exemple l'acte de vente d'unx esclavagiséëe, le Code de l'indigénat, les décrets sur le travail forcé). La France en Athéna pourrait être introduite dans l'enceinte du Musée. Quant au monument Marchand, qui a déjà fait l'objet de plusieurs contestations et même, en 1983, d'un plasticage par un groupe militant anticolonialiste, il ne devrait tout simplement pas être imposé à notre vue.

« Ils vous montrent les étoiles,
vous regardez leur doigt. »

En 1991, en Martinique, des indépendantistes décapitent la statue de Joséphine de Beauharnais, place de la Savane à Fort de France, puis aspergent son cou de peinture rouge. Elle restera ainsi jusqu'en 2020, où elle s'écroulera sous les coups de butoir de manifestantxes qui avaient réclamé à plusieurs reprises auprès des autorités son déplacement, comme celui de la statue du colon Pierre Belain d'Esnambuc – à l'origine de la colonisation de la Martinique en 1635 – et de Victor Schœlcher.

Le 22 mai 2020, des militantxes du groupe *Mawon* font tomber deux statues de Victor Schœlcher [VI]. Iellx ont choisi cette date en hommage à leurs ancêtres esclavagiséëes qui se sont libéréëes sans attendre l'arrivée sur leur île du décret du 27 avril 1848 [11]. La réaction des autorités et de certaines personnalités locales et nationales est immédiate : avoir fait tomber Schœlcher est scandaleux [VII]. Il n'a été ni un marchand d'esclavagiséës ni un esclavagiste, il a écrit des ouvrages dénonçant le racisme ou affirmant l'existence de civilisations noires, c'est un républicain et un anti-esclavagiste qui a activement œuvré au vote du décret du 27 avril 1848, abolissant définitivement l'esclavage dans les colonies françaises [12].

Ce qui n'est pas compris ici, c'est qu'à travers leur geste, ces militantxes dénoncent une abolition inachevée, une relation de dépendance coloniale qui perdure au XXIe siècle, et avec elle la figure du « sauveur blanc ». Schœlcher était un républicain partisan d'une colonisation pacifique. Il fut le

11. Le mouvement est enclenché le 20 mai 1848 par l'esclavagisé Romain qui en jouant du tambour sur la plantation Duchamp entraîne une foule d'esclavagiséëes qui met fin à l'esclavage deux jours plus tard, le 22 mai.

12. Sous la poussée de l'insurrection à Saint-Domingue (future Haïti), les révolutionnaires françaisxes abolissent l'esclavage le 4 février 1794 dans toutes les colonies françaises, mesure qui ne sera appliquée ni en Martinique, occupée par les Anglais, ni à l'île de France (Maurice), ni à l'île Bourbon (La Réunion) car les colons la refusent. En Guadeloupe, les esclavagiséëes se libèrent. Napoléon rétablit l'esclavage en mai 1802 et, pour imposer son décret, envoie ses troupes en Guadeloupe où elles rencontrent une résistance acharnée. La répression sera sanglante. Il envoie des troupes aussi à Saint-Domingue où elles subiront une défaite lors de la bataille de Vertières le 18 novembre 1803. L'esclavage est aboli pour la deuxième fois le 27 avril 1848. La France est le seul état esclavagiste à avoir eu *deux* abolitions.

co-président, au côté du général Faidherbe (conquérant du Sénégal) du Congrès colonial international[13]. Il représente le passage d'un régime esclavagiste à un régime colonial/racial du travail, le passage de l'esclavagisme à une colonialité républicaine. Nous pouvons parler d'une *impossible abolition*, car son accomplissement réel aurait signifié une remise en cause profonde des structures et des institutions de domination. La République ne s'attaque alors ni au racisme ni au pouvoir des grands propriétaires blancs.

98 ans plus tard, en 1946, Aimé Césaire, qui pourtant admirait Schœlcher, fait un réquisitoire sans appel de 300 ans de colonisation française. Il cite la misère, les entraves à l'accès à la terre et au capital, l'exclusion des classes populaires de la santé, du logement, de la formation, de l'éducation[VIII]. Car la fin du statut colonial en 1946, n'a pas mis fin aux injustices. Aux yeux de nombreüxses martiniquaisxes, Schœlcher, de Beauharnais et d'Esnambuc sont par conséquent les symboles de la persistance des relations (post) coloniales. La pollution de leur île par le pesticide chlordécone (dont la vente était entre les mains d'un descendant de la famille Hayot, grande fortune française[14]), les décennies de chômage, le racisme, la domination des békés, sont des emblèmes de cette abolition jamais accomplie.

Pour exprimer l'oppression que vit la jeunesse martiniquaise, Jay Asani, l'une des militantxes qui

13. Alain Ruscio, *Le credo de l'homme blanc*, éditions Complexe, 1995, p.88.

14. Le groupe Hayot, dirigé par Bernard Hayot, classé parmi les 500 plus grandes fortunes de France, est un béké de Martinique, distributeur alimentaire et automobile, présent aux Antilles, en Guyane, à La Réunion, à Nouméa, et aussi en Afrique et en Chine. Il est le premier distributeur de l'Océan Indien. Son frère possédait la compagnie qui vendait le chlordécone.

revendiquent le geste du 22 mai 2020, déclare : *« Nous vivons toujours dans la plantation ».* L'universitaire et écrivain Fola Gadet écrit pour sa part, saisissant parfaitement le point aveugle des condamnations : *« Ils vous montrent les étoiles et vous regardez leur doigt. Ils vous montrent les architectes de leur histoire, vous regardez les statues qui tombent*[15]*. »* Et pour l'historienne Isis Labeau-Caberia, la dimension politique de cet acte est évident : *« [Il] s'agissait de dénoncer le récit colonial et assimilationniste d'une abolition " par le haut ", un récit répété ad nauseam depuis 1848 et qui continue à ce jour à occuper une place centrale (voire exclusive) dans le champ de la mémoire officielle de l'esclavage, au détriment de la longue histoire des luttes serviles*[16]*. »*

Le paternalisme est un racisme

Ce qui est aussi visé, c'est l'extrême paternalisme des statues en colonie. Une des statues de Schœlcher, à Fort de France, est ainsi décrite avec admiration par une historienne : *« Schœlcher [est] penché avec sollicitude, tendresse même, vers une petite esclave revêtue d'une tunique, qui le regarde et porte une main à sa bouche pour lui envoyer un baiser, un pied de Schœlcher est posé sur une chaîne désormais inutile*[17]*. »* Qu'une telle représentation ne soit pas

15. Fola Gadet, « Le débat ce n'est pas ça ! », *France-Antilles Martinique* [en ligne], 24 mai 2020.

16. Isis Labeau-Caberia, qui précise : « Il n'existe pas à ce jour en Martinique d'avenue Lumina Sophie, de statue de l'esclave Romain, de bibliothèque départementale Eugène Mona, ou encore de lycée Cyril Bissette. », in « La Martinique, malade de sa colonialité et de sa structure gérontocratique », *France Antilles Martinique* [en ligne], 28 mai 2020

17. Jacqueline Lalouette, *Les statues de la discorde*, Passés/Composés, 2021, p.34. Lalouette, qui défend une position critique du mouvement décolonial, dresse cependant un tableau complet du mouvement mondial de déboulonnages en 2020 et des mouvements qui l'ont précédé.

jugée offensante aujourd'hui parce qu'elle ne l'aurait pas été au moment où la statue fut érigée en 1904, témoigne d'une profonde incompréhension du fait que le paternalisme est un racisme, doublé ici de sexisme. Personne n'imaginerait que soit préservée une statue représentant, par exemple, Jules Ferry dominant une petite fille courbée à ses genoux, pour le remercier d'avoir impulsé l'école obligatoire et gratuite sans différence entre les filles et les garçons. Le paternalisme est un racisme, il fait des raciséëes des enfants à éduquer et conduire.

Faire tomber les gardiens du racisme

Dans *Les Damnés de la terre*, Frantz Fanon écrit, en parlant des statues à la colonie : *« Chaque statue, celle de Faidherbe ou de Lyautey, de Bugeaud ou du sergent Blandan, tous des conquistadors juchés sur le sol colonial n'arrêtent pas de signifier une seule et même chose : ''Nous sommes ici par la force des baïonnettes.''*[18] » Cette remarque reste pertinente non seulement pour les « Outre-mer » ou les anciennes colonies françaises, mais aussi pour la France. Car la baïonnette a également servi à écraser les révoltes populaires et les généraux statufiés n'ont jamais hésité à satisfaire leur appétit pour la répression féroce contre les classes populaires en France. Ce qu'ils ont appris aux colonies, ils l'appliquent à toüstes les révoltéëes. Ce que raconte, en 1852, un général à propos de l'Algérie pourrait faire écho aux récits de la répression sanglante des Versaillais contre la Commune de Paris [N.B., la citation qui suit décrit des actes de torture, N.D.E] : *« Dans les prises d'assaut, dans les razzias, il n'était pas rare de voir les soldats jeter par les fenêtres des en-*

18. Frantz Fanon, *Les damnés de la terre*, dans *Œuvres*, La Découverte, 2011, p. 488.

fants que d'autres soldats en bas recevaient sur la pointe de leur baïonnette. Ils arrachaient les boucles d'oreille aux femmes et les oreilles avec, ils leur coupaient les doigts des pieds et des mains pour prendre leurs anneaux[19]. » Les processus d'animalisation, de racisation, de sexualisation font retour dans le pays colonisateur.

Mais si faire tomber des statues n'est pas nouveau, l'année 2020 a toutefois marqué un tournant par l'ampleur et la dimension globale qu'a pris le mouvement de déboulonnage et de contestation de statues célébrant des esclavagistes, des colons, ou des fascistes.

Entre le 30 mai et le 23 octobre 2020, plus de cent statues de personnalités ont été déboulonnées, contestées par des manifestantxes ou retirées par les pouvoirs publics[20]. Cette vague a été déclenchée par l'assassinat, le 25 mai 2020 à Philadelphie (États-Unis), de l'Africain-Américain Georges Floyd par un policier blanc. La phrase que prononce Georges Floyd à plusieurs reprises alors qu'il est étouffé pendant 8 minutes et 46 secondes : *« I can't breathe » (« Je ne peux pas respirer »)*, devient un slogan pour dénoncer l'étouffement réel et symbolique, ainsi que la violence physique et psychique que produit le racisme.

L'assassinat/lynchage de Georges Floyd, dont l'agonie de 8 minutes et 46 secondes est filmée, déclenche un mouvement mondial de colère dans laquelle *Black Lives Matter* (Les Vies Noires Comptent) et *I can't breathe*, prennent toute leur dimension. Les manifestantxes dénoncent le racisme, la vio-

19. Général Le Flô, cité par Gilles Manceron dans *Marianne et les colonies. Une introduction à l'histoire coloniale de la France*, La Découverte, 2003, p. 159.
20. Jacqueline Lalouette, op.cit., p. 14.

lence policière et son impunité, ainsi que la complicité des autorités. Iellx accompagnent ces dénonciations de demandes de décolonisation de l'espace public.

Le 6 juin 2020, une manifestation *Black Lives Matter* jette dans un canal de Bristol (Grande-Bretagne), la statue de l'esclavagiste et bienfaiteur de la ville, Edward Colson. Dans plusieurs villes d'Amérique centrale et du Sud, la statue de Christophe Colomb est déboulonnée, habillée d'un poncho amérindien ou couverte de peinture. Aux États-Unis, Christophe Colomb tombe encore, sous les mouvements des manifestantxes qui déboulonnent également des statues d'esclavagistes et de confédérés. Certaines municipalités se chargent de faire disparaître des monuments[IX], et l'armée étasunienne décide de débaptiser les bases militaires qui portent le nom de généraux confédérés. En Guyane, des militantxes font tomber une statue de Schœlcher[X]. En Écosse et aux États-Unis, des universités changent le nom d'amphithéâtres ou de bâtiments qui arboraient le nom d'esclavagistes et de racistes. En Italie, des militantxes douchent de rouge le buste du journaliste fasciste Indro Montanelli et déclarent : « *Un colonialiste qui a fait de l'esclavage une part importante de son activité politique ne peut et ne doit pas être célébré sur la place publique. Dans un moment mondial aussi important [...], nous pensons que des personnages comme celui d'Indro Montanelli sont nuisibles à l'imagination de tous*[21]. »

Ces combats toujours entravés, longs et difficiles, rencontrent surtout le racisme. Il y a des vies perdues qui ne comptent pas, qui ne sont pas à déplorer ou à honorer. Ainsi, ce n'est que le 20 fé-

21. Général Le Flô, cité par Gilles Manceron, op. cit., p. 159.

vrier 2021, soit après un quart de siècle, que les militantxes de B.Vice, du quartier de la Savine, obtiennent de la ville de Marseille qu'une rue porte le nom de Ibrahim Ali, ce jeune comorien assassiné par un militant du Front national le 21 février 1995[22].

Que ce mouvement mondial pour la décolonisation de l'espace public ait commencé en Martinique – bien que ce fait soit trop souvent oublié – l'ancre dans la longue histoire des résistances au racisme structurel et systémique et de ses symboles. Ces combats menés par les premiërxes concernéëes sur le terrain se situent au plus près de mémoires vivantes, affirmant qu'un autre espace public est possible.

Colbert et Gallieni, deux figures emblématiques de la violence coloniale

En France, à l'été 2020, des actions artistico-politiques imaginées par des militantxes prennent pour cible les statues de Colbert et de Gallieni, deux figures emblématiques de la violence coloniale. Le 18 juin 2020, un groupe militant antiraciste (dont des membres de DLA) recouvre d'un drap noir la statue de Gallieni, place Vauban à Paris[XI]. Sur le piédestal, quelques jours auparavant, ont été écrits ces mots : *« Déboulonnons le récit officiel »* [fig. 35]. Le 23 juin 2020, Franco Lollia, porte-parole de la Brigade Anti-Négrophobie (BAN), jette de la peinture rouge sur la statue de Colbert devant l'Assemblée nationale, et écrit sur son piédestal : « Négrophobie d'État[XII] » [fig. 36]. Les deux actions sont condamnées par les autorités et par des personnalités de gauche et de

22. Mbaé Mohamed, alias Soly, a été au cœur de cette action de justice. Lire à ce sujet l'article de Stéphane Harounyan : « Marseille, Ibrahim Ali, le long chemin de la mémoire », *Libération*, 20 février 2021.

droite[23]. Franco Lollia est inculpé au titre de l'article 322-1 du Code pénal («Destructions, dégradations et détériorations ne présentant pas de danger pour les personnes»).

La carrière de ces deux personnages, à qui est accordée tant de sollicitude de la part du gouvernement et des élites, mérite d'être rappelée à grands traits. Colbert, partisan du capitalisme mercantile[24], est l'initiateur du Code noir qui demande dès l'article premier l'exclusion des Juifves et des protestantxes des colonies, fait de l'esclavagiséëe un «meuble», et décrit toutes les punitions et tortures qu'un propriétaire peut infliger en toute impunité. Sa statue est installée en 1808 par Napoléon Ier, qui a rétabli l'esclavage quatre ans auparavant[25]. Que la statue de celui ayant initié le Code noir ait été voulue par celui ayant rétabli l'esclavage n'a rien pour nous surprendre.

Pour sa part, Gallieni (1849-1916) a l'insigne honneur d'être l'homme le plus statufié de France[26].

23. En 2017, Christiane Taubira avait estimé que la contestation autour de Colbert était sans objet : «Au pays qui se prétend le cœur des Lumières, sur ces sujets-là, la raison disparaît! Il ne reste que l'affectif! Pourquoi ne pourrait-on réfléchir au rôle de Colbert dans la rédaction du Code noir? Ce qui ne veut pas dire que Colbert n'était que cela. Mais débattons! Il ne s'agit pas de faire la chasse à d'éventuels coupables survivants, il n'y en a plus.». Propos rapportés dans la dépêche : «La statue de Colbert vandalisée devant l'Assemblée nationale», *Le Monde* [en ligne], 24 juin 2020.

24. Le mercantilisme est un courant de pensée économique indissociable de la colonisation des Amériques et des Caraïbes. Il prône l'idée que chaque agent économique doit s'assurer de garantir et préserver son avantage, fût-ce au détriment des autres, encourageant l'égoïsme et l'individualisme.

25. La statue de Colbert, œuvre de Jacques-Edmé Dumont (1761-1844) fut installée avec trois autres hommes, aussi choisis par Napoléon : Maximilien de Sully, le «réformateur», Henri-François d'Aguesseau, «l'unificateur du droit et de la jurisprudence» et Michel de l'Hospital, le «conciliateur». Voir les sites http://aristorcic.com et http://www.nella-buscot.com/

26. Sept statues selon Jacqueline Lalouette, op.cit., p.81.

Une monumentale statue équestre à sa gloire, qui était à Antananarivo, capitale de Madagascar, est aujourd'hui dans une caserne du Var (ce qui prouve que la république accepte de remiser des statues dans des hangars, en dehors de l'espace public). Celle qui est située place Vauban à Paris fut installée à la demande de la Ligue maritime et coloniale, en 1920. Réalisé par le sculpteur Bénet, le premier monument fut l'objet d'une nouvelle commande car jugé de proportions trop modestes pour Paris. Le 11 juillet 1926, la nouvelle statue, en bronze, du sculpteur Jean Boucher fut d'abord inaugurée sur une esplanade près de la Seine, avant d'être déplacée place Vauban pour l'Exposition internationale de 1937 [XIII].

La carrière de Gallieni est emblématique de celle des officiers qui n'appartenaient pas à l'aristocratie et qui ont trouvé la gloire dans les expéditions coloniales. Il la commence à La Réunion et la poursuit en menant des expéditions de répression au Sénégal (1876-1882) et au Soudan, avant d'être nommé en Martinique, au Niger et en Guinée. Il est ensuite envoyé en « Indochine », du 1er septembre 1892 au 18 février 1898, où il met définitivement au point les principes essentiels de sa « politique des races [27] ». S'inspirant des thèses racialistes de Joseph Arthur de Gobineau dans le but de renforcer la compétition entre groupes, il écrit : *« L'administration de la colonie par races est le seul moyen d'arriver progressivement à sa soumission entière à notre influence avec des forces limitées [28]. »*

27. L'article d'Edmond Delage « Gallieni au Tonkin », *Le Monde* [en ligne], 12 mai 1949, rend compte de l'admiration qui lui était toujours portée après la Seconde guerre mondiale. Voir aussi les archives de Gallieni consultables sur https://francearchives.fr/

28. Général Gallieni, « Instructions à M. Besson, résident à Fianarantsava, 30 septembre 1896 ». Archives Nationales, section

Et précise : *« Frapper à la tête et rassurer la masse égarée par des conseils perfides et des affirmations calomnieuses, tout le secret d'une pacification est dans ces deux termes*[29]*. »*

Le gouvernement l'envoie ensuite à Madagascar, où il abolit la monarchie le 28 février 1897 et fait exécuter pour l'exemple deux ministres de la reine Ranavalona III [fig. 27], qu'il déporte à La Réunion. Il abolit l'esclavage et impose le travail forcé : tout Malgache de sexe masculin de 16 à 60 ans doit au pouvoir colonial 50 jours de travail gratuit par an. Le pouvoir colonial dispose ainsi d'une main d'œuvre corvéable pour construire son infrastructure et travailler dans ses plantations et ses mines. Selon des historiens malgaches[30], la répression fait des dizaines sinon des centaines de milliers de morts pour une population comptant trois millions de personnes[XIV].

Pour établir sa hiérarchie des races, Gallieni a massivement recours à la photographie. Grâce à cette technologie, il fait recenser les « différents » groupes ethniques dans le but ultime de découper les circonscriptions administratives en suivant cette *« cartographie des races*[31] *»*. Dans leur article « Photographies anthropologiques et politique des races[32] », Gilles Boëtsch et Eric Savarese écrivent : *« L'objectif formulé par le résident géné-*

outremer, 44pa, carton 6, document 32, cité dans Gilles Boëtsch et Eric Savarese, « Photographies anthropologiques et politique des races », *Journal des anthropologues*, 2000, 80-81, pp. 247-258, p.4.

29. Joseph Gallieni, cité par Alain Ruscio, *Le crédo de l'homme blanc*, éditions Complexe, 2002, pp. 250-251.

30. Jean-Claude Rebeherifara, *Madagascar, Réalités et résistances*, p. 6, cité par Randrianja Ravelonjatovo, *Madagascar : l'apprentissage de l'indépendance*, Lulu, 2015, p. 35.

31. Jean Martin, *L'empire triomphant*, éditions Denoël, 1990, pp. 216-217.

32. Gilles Boëtsch et Eric Savarese, op.cit.

ral est d'obtenir la soumission puis la collaboration de l'ensemble des habitants de Madagascar en modifiant les agencements de pouvoir entre les populations, et, ainsi, en faisant l'économie d'une politique de la canonnière coûteuse en hommes et en moyens matériels. »

Gallieni, qui explique une insurrection par la « nature belliqueuse » des Malgaches, rappelle dans ses lettres le rôle fondamental des colons blancs réunionnais dans la colonisation de Madagascar. Il y mentionne les conflits et rivalités entre les colons et l'administration coloniale, et entre l'administration coloniale et le pouvoir à Paris. En somme, il raconte dans ses correspondances le quotidien du monde colonial/racial et y énonce sa conception du pouvoir : fort, et qui s'impose. C'est à qui tirera le plus grand profit de l'exploitation, le devoir du gouverneur colonial étant de gérer les conflits en s'assurant que l'État et les grandes compagnies françaises restent les premières bénéficiaires de l'exploitation.

C'est donc cet homme qui est représenté place Vauban, debout, juché sur la tête de quatre figures féminines représentant Madagascar, l'Asie et l'Afrique, où il a sévi, et Paris, qu'il aurait sauvée en organisant les taxis de la Marne en 1914. Un homme, blanc, en habit militaire, debout sur la tête de plusieurs femmes : ne tenons-nous pas là une remarquable représentation d'une domination où genres et racisations s'entremêlent ?

Pourquoi préserver les symboles de l'histoire coloniale ?

Tandis que dans de nombreux pays, le débat – certes vif – sur le déplacement de statues a lieu, et que des commissions sont même créées pour y réfléchir, comme à Londres [XV], en France, la réaction officielle est celle d'un refus absolu. Déboulonner serait effacer l'histoire [XVI]. Le président de la République Emmanuel Macron déclare à ce sujet en juin 2020 : *« La République n'effacera aucune trace ni aucun nom de son histoire. Elle n'oubliera aucune de ses œuvres. Elle ne déboulonnera pas de statues* [XVII]*. »*

D'une part, la République a déplacé des statues, d'autre part, elle n'hésite pas à balayer les œuvres de personnalités qu'elle a célébrées en leur temps (Pétain, Salan). Finalement, il faut admettre qu'elle choisit très sélectivement celles qu'elle préserve ou installe, et quelles œuvres, quels noms et quels récits, elle magnifie. La République sait effacer, oublier, ou renvoyer au placard. Pourquoi alors, un tel attachement à la statue de Colbert devant l'Assemblée nationale ? Ou de Gallieni et de Lyautey ? Qu'est-ce qui est défendu avec tant de vigueur ?

Le fait que sur les centaines de statues d'hommes à Paris, on ne compte que trente-trois militaires n'enlève rien ni à notre constat – ce sont en grande majorité des symboles de la domination raciale et de la culture guerrière – ni à nos questions : qu'est-ce qui est en jeu dans la crispation autour de Gallieni, Lyautey, Mangin, Marchand, ou Colbert ? Ce qui fait obstacle ici, ce n'est pas tant le déplacement de statues que le fait de s'attaquer au récit colonial/racial/national. Esclavage et colonialisme constituent des points de fixation. Si des faits sont finalement reconnus, comme l'esclavage colonial après des années de lutte (et le combat n'est pas gagné !), la reconnaissance s'accomplit en neutralisant les récits, en préservant l'innocence de la France. Pas question de réparations ! Dire qu'il faut reconnaître les pages sombres comme les pages de lumière de l'histoire, tenir compte du contexte et de la complexité, ou de ce qu'on ne peut juger avec l'esprit d'aujourd'hui le passé, masque le refus de se confronter radicalement aux idéologies racistes et meurtrières, de l'antisémitisme à la Négrophobie et à l'Islamophobie.

Quand « tout le monde » signifie les hommes blancs et bourgeois

Quand on nous affirme : *« [que] tout le monde était à l'époque pour l'esclavage (ou la colonisation) »*, on nous dit tout simplement que les vies et les voix noires ne comptent pas, puisque les esclavagiséëes noirxes n'ont cessé de se révolter, de marronner, de s'insurger et de publier des témoignages anti-esclavagistes. *« Tout le monde »* est en fait le monde européen blanc et bourgeois, l'humanité se restreignant ici à l'Europe. C'est au point que même les voix européennes qui se sont élevées contre l'esclavage, la colonisation, les génocides, les massacres ou les guerres coloniales sont souvent délaissées. Or, les résistances ont constamment entravé l'économie extractiviste, le travail forcé, la dépossession, et le déni des droits.

Aux yeux d'une élite française qui se dit universaliste, l'opinion de ces personnes qui aspiraient à la liberté et à l'égalité, n'a tout simplement pas le même poids que celle de ses semblables. Nous n'entendrons pourtant jamais de tels arguments à propos de la Révolution française alors que son « contexte » était celui d'une Europe où régnait la monarchie de droit divin, ni à propos de la résistance au nazisme sous un régime français collaborationniste.

Le « contexte » dont il est question est clairement celui des hommes blancs bourgeois et de leurs complices, pour qui les voix et les vies des

Noirxes et des raciséëes ne sont toujours pas équivalentes aux leurs [33]. En convoquant sans cesse le « contexte », les personnes qui s'opposent à la transformation de l'espace public semblent ignorer le « contexte » d'une résistance à l'esclavage et à la colonisation, restant impassibles aux voix qui les contredisent – voix noires, voix anticoloniales, voix révolutionnaires, voix afroféministes. En parlant de complexité, ces personnes marginalisent ainsi l'étude de la fabrication du consentement au crime. La fureur qui saisit des historiænnes, des élües et des journalistes à la seule mention de demande de déplacement d'une statue, leur refus obstiné d'entendre les arguments, apparaît disproportionnée si l'on ne tient pas compte qu'il leur faut préserver l'idée de l'universalisme et de l'innocence. Or, nous le répétons, parler des techniques multiformes qui conduisent à l'indifférence aux inégalités, à la peur, à l'acquiescement, au sentiment d'impuissance, et imaginer des politiques de réparation, tout cela contribue à la justice et au respect.

Une Europe indéfendable

L'analyse faite en 1950 par Aimé Césaire du *« formidable choc en retour »* de l'esclavagisme et du colonialisme reste d'actualité [34]. Césaire décrit le processus par lequel les idées racistes coloniales font inévitablement retour dans la société colonisatrice, imprégnant toutes les mentalités, et même les idéologies progressistes et émancipatrices. Pour le poète et militant anticolonial, avant d'être la vic-

33. C'est au point que la Fondation pour la mémoire de l'esclavage a dû souligner, en octobre 2020, que l'enseignement sur l'esclavage avait régressé à l'école ! Violaine Morin, « Enseignement de l'histoire de l'esclavage : des lacunes et des disparités », *Le Monde*, 9 octobre 2020.
34. Aimé Césaire, *Discours sur le colonialisme*, Présence africaine, 1950, p.11.

time du nazisme, qui représente un de ces chocs en retour, l'Europe *« en a été le complice ; que ce nazisme-là, on l'a supporté avant de le subir, on l'a absous, on a fermé l'œil là-dessus, on l'a légitimé, parce que, jusque-là, il ne s'était appliqué qu'à des peuples non européens ; que ce nazisme-là, on l'a cultivé, on en est responsable, et qu'il est sourd, qu'il perce, qu'il goutte, avant de l'engloutir dans ses eaux rougies, de toutes les fissures de la civilisation occidentale et chrétienne. »* Le crime, poursuit-il, c'est *« d'avoir appliqué à l'Europe des procédés colonialistes dont ne relevaient jusqu'ici que les Arabes d'Algérie, les coolies de l'Inde et les nègres d'Afrique*[35]. » Dès lors, brandir l'humanisme européen est un mensonge, affirme Césaire, qui reprend : *« Et c'est là le grand reproche que j'adresse au pseudo-humanisme : d'avoir trop longtemps rapetissé les droits de l'homme, d'en avoir eu, d'en avoir encore une conception étroite et parcellaire, partielle et partiale et, tout compte fait, sordidement raciste. »*

Ni Aimé Césaire, ni Frantz Fanon, régulièrement cités par les opposantxes à la décolonisation de l'espace public, n'adhérent à un humanisme abstrait et universaliste. Quand Fanon écrit : *« Je ne suis pas esclave de l'esclavage qui déshumanisa mes pères »*, il ne cherche pas à effacer l'héritage de l'esclavage et de sa déshumanisation, mais refuse que l'Europe l'enferme dans la construction qu'elle a faite du Noir. Fanon exhorte les coloniséëes à tourner le dos à l'Europe : *« Quittons cette Europe qui n'en finit pas de parler de l'homme tout en le massacrant partout où elle le rencontre, à tous les coins de ses propres rues, à tous les coins du monde*[36]. »

35. Aimé Césaire, op. cit, p. 12.
36. Frantz Fanon, *Les damnés de la terre*, op.cit.

L'humanisme que Césaire et Fanon appellent de leurs vœux n'est pas imitation ou répétition de l'humanisme européen, car : *« L'humanité attend autre chose que cette imitation caricaturale et dans l'ensemble obscène. »* Fanon, comme Césaire avant lui, comprend que : *« Si nous voulons répondre à l'attente des Européens, il ne faut pas leur renvoyer une image, même idéale, de leur société et de leur pensée pour lesquelles ils éprouvent épisodiquement une immense nausée*[37]. » C'est une nouvelle étape de décolonisation qui est en jeu, où il s'agit pour toüstes de se libérer des masques blancs. Aucune victimisation donc.

Le mouvement de contestation des statues, qui a pris de nombreuses formes au cours de l'année 2020, est irréversible et c'est en cela qu'il est attaqué. Il s'inscrit dans la remise en cause globale d'une modernité qui a modelé le monde selon des critères raciaux et sexistes, qui a détruit des cultures, étouffé des voix, effacé des savoirs, pillé pour remplir ses musées et ses palais. Il conteste les statues « historiques » qui appartiennent à l'écriture coloniale de l'histoire et qui sont les idoles d'un vieux monde, au pied desquelles le pouvoir dépose des gerbes de fleurs.

Provincialiser l'Europe

La proposition décoloniale est la suivante : pas d'opposition au changement des noms de rue, mais le processus de décision doit être citoyen, et non vertical ; pas de réconciliation sans réparations ; non aux inégalités et au racisme systémiques ; pas de musée de la colonisation sans la décolonisation de l'institution musée ; oui à de nouveaux curricula

37. Frantz Fanon, *Les damnés de la terre*, op.cit., p. 676.

et syllabai dans les écoles d'art et les universités; oui à un enseignement qui questionne l'eurocentrisme; oui à la démocratisation de la ville; oui à une écriture de l'histoire qui provincialise l'Europe, et donc la France, et qui met en lumière les solidarités transnationales et leurs luttes communes pour la liberté, l'égalité et la dignité [38]; oui à une ville qui promeut justice et, osons le répéter : dignité.

Ce sont tous ces éléments qui tissent la trame de la décolonisation de l'espace public. Dans ce mouvement, l'*atelier décolonial in situ* du triangle de la Porte Dorée est une des étapes pédagogiques au cours de laquelle des propositions émergent sur la manière de créer une ville hospitalière antiraciste et antisexiste. Tournons-nous maintenant vers la façade du Musée et le monument Marchand.

38. L'expression « provincialiser l'Europe » est de l'historien Dipesh Chakrabarty qui, dans *Provincialiser l'Europe : la pensée postcoloniale et la différence historique* (éditions Amsterdam, 2009), invite à un décentrement de l'histoire, à une critique radicale de la rhétorique coloniale d'un « pas encore » dans l'histoire, d'une antichambre où patienteraient les peuples non-occidentaux.

« À SES FILS QUI ONT ÉTENDU L'EMPIRE DE SON GÉNIE ET FAIT AIMER SON NOM AU-DELÀ DES MERS, LA FRANCE RECONNAISSANTE »

Sur la façade ouest du Palais de la Porte Dorée sont gravés les noms de grands colonisateurs français parmis lesquels on retrouve :

Statue de Saint-Louis située à Poissy, France.

Saint-Louis,
(1226-1270) Roi de France impliqué dans la conquête du Levant lors des 7e et 8e Croisades.

Samuel de Champlain,
(1567-1635) Fondateur de Québec et premier gouverneur de la Nouvelle - France, l'immense colonie française d'Amérique du Nord.

Statue de Champlain située à Québec City.

Facade Ouest - Source : Minuit Digital (photogrammétrie)

Jean Baptiste Colbert,
(1619-1685) Secrétaire d'État de la Marine et initiateur du Code Noir.

Statue de Colbert située devant l'Assemblée Nationale française, taguée par la Brigade Anti-Negrophobie en 2020.

La figure de Schoelcher contribue à invisibiliser les luttes des esclavisée.s des Antilles. Déboulonnage d'une statue de Schoelcher en Martinique le 22 mai 2020.

Victor Schoelcher,
(1804-1893) Rédacteur du décret de la seconde abolition de l'esclavage.

Joseph Gallieni,
(1849-1916) Participe à la colonisation du Sénégal, du Tonkin et de Madagascar. Inventeur de la « Politique de Races » visant à diviser les populations indigènes par ethnies pour mieux les contrôler.

Statue de Joseph Gallieni située en face des Invalides à Paris.

Les bas-reliefs, ou comment réduire la complexité du monde à une surface plate

2

« Nous disons à nos dominateurs :
L'Algérie nous appartient comme toute terre
doit appartenir logiquement à ceux qui la travaillent,
qui peinent pour la faire produire.
C'est notre sol natal,
que [...] nous fécondons de notre labeur :
vous êtes venus nous déposséder,
nous voler nos biens et,
sous prétexte de civilisation,
vous nous obligez maintenant,
pour ne pas mourir de faim,
de trimer comme des forçats, pour votre profit,
contre un salaire de famine. »

Mohamed Sail, *À bas l'indigénat, Le Flambeau, n°22,*
1er au 15 novembre, 1924 in *L'étrange étranger,*
Écrits d'un anarchiste kabyle, Lux Éditeur, 2020

[N.D.E., le chapitre 2 se concentre sur la façade sculptée (bas-reliefs) du Palais de la Porte Dorée. Afin de mieux se repérer dans le texte et visualiser l'organisation de cette représentation monumentale de l'empire colonial français, nous reproduisons ici une partie de la façade. Celle-ci a été capturée en 3D par l'artiste Minuit. Après l'étape de numérisation, Minuit a retiré la structure du bâtiment (colonnes, toit, etc.) pour que cette reproduction de la façade puisse être dépliée et consultée facilement.]

« Les colonies d'Afrique sont à la gauche de l'entrée principale du Palais de la Porte Dorée. Celles des Caraïbes-Amériques et de l'océan Indien sont sur le flanc gauche du bâtiment.

¥ Au centre, au-dessus de l'entrée principale, la France apparaît sous les traits d'une femme assise.

» À droite nous observons les colonies d'Asie et du Pacifique.

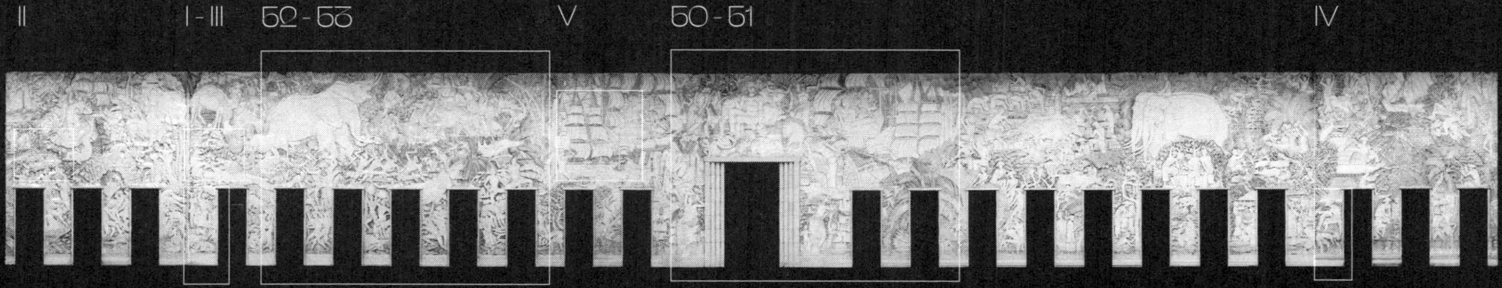

Les bas-reliefs du Palais de la Porte Dorée s'étendent sur 10 mètres de haut et 90 mètres de long. Une allégorie de la France, figure centrale du bas-relief, accueille le public.

Les représentations des colonies d'Afrique, Côte d'Ivoire, Dahomey (actuel Bénin). Les noms des pays colonisés sont accompagnés des produits qu'ils fournissent à la France (coton, kola, huile de palme, etc.)

VIGNE
TAPIS
TUNISIE

I

II

I. Les animaux, très présents sur le bas-relief, contribuent à la représentation d'une France qui étend son domaine sur l'ensemble du vivant et accrédite ainsi l'idée d'un tout dompté.

II. Ici la partie dédiée à la représentation des Antilles.
Des femmes de Martinique s'affairent avec de la canne à sucre sur la tête.

III. Mention de la culture agricole de l'arachide, qui fait partie des monocultures imposées, notamment au Sénégal.

IV. Scène de pêche sur la partie Asie.

V. Avions et navires signalent la maîtrise des mers et des airs et font le lien entre commerce, puissance maritime, richesse, armée et colonisation.

III

IV

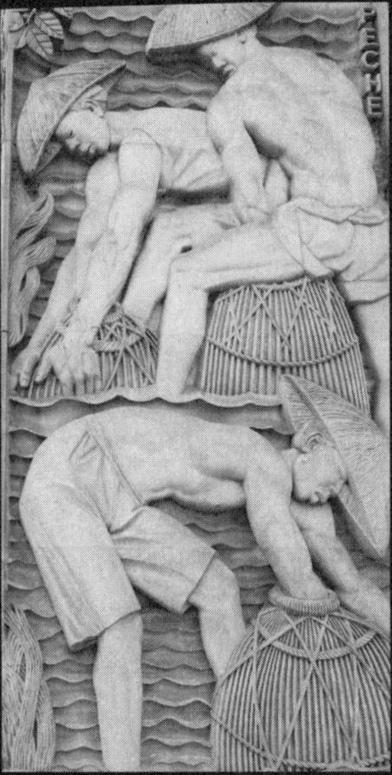

V

Les bas-reliefs de la façade du Musée et le monument Marchand rendent visible la continuité de l'économie extractiviste et de son indispensable compagnon, l'armée[39]. On pourrait très facilement ajouter sur les bas-reliefs les noms des produits de l'extractivisme d'aujourd'hui – nickel, uranium, cuivre, bauxite, diamants, or, platine, pétrole, coltan, manganèse... – à ceux de l'esclavagisme et du colonialisme qui s'étalent sur la façade du Musée – sucre, bananes, riz, cacao, caoutchouc, arachide, café, bois précieux. L'extraction qui reposait hier sur des accords soutirés malhonnêtement ou imposés par l'épée, le fusil et le canon, sur le travail forcé et l'épuisement des corps, des terres, des forêts et des sous-sols, repose aujourd'hui sur des accords soutirés malhonnêtement, avec la complicité de gouvernements avides ou imposés par le fusil, les bombes et les drones, et entraînant, toujours, l'épuisement des corps, des terres, des forêts et des sous-sols. L'État français continue à profiter des ressources de son ancien empire colonial et de ses « Outre-mer ».

L'Afrique, qui fut pendant des siècles la source d'extraction d'une force de travail (les captifves vendües en esclavage), reste pour le Nord une source d'extraction de minéraux, dont le continent est très riche. Selon la Commission économique des Nations Unies pour l'Afrique (CEA), le continent abrite à l'échelle mondiale 54 % des réserves de platine, 78 % des réserves de diamants, 40 % des réserves de chrome et 28 % des réserves de manganèse. *« Dix-neuf des 46 pays d'Afrique subsaharienne*

39. Les fresques, au rez-de-chaussée du Musée, nous semblaient plus datées dans leur facture, plus proches des chromos de la propagande coloniale avec leurs couleurs vives et leur évocation d'un monde exotique et tropical.

possèdent d'importantes réserves d'hydrocarbures, de pétrole, de gaz, de charbon ou de minéraux et 13 pays explorent actuellement de nouvelles réserves », relève le Programme des Nations Unies pour le Développement (PNUD)[XVIII]. Toutefois, *« la Banque mondiale estime que l'Afrique est le continent le plus pauvre du monde*[XIX] *»*. Les compagnies françaises comme Areva, Total, Bolloré, Géocoton ou Orange occupent en Afrique des secteurs très profitables et, encore très souvent, des positions monopolistiques. Les peuples des pays producteurs ne profitent pas de ces richesses. Ainsi, le Niger ne perçoit que 7 % des versements d'Areva pour l'extraction d'uranium, qui représente près de 30 % de la production de la compagnie.

Pour nombre d'intellectüelles et économistes africainxes, comme Ndongo Samba Sylla, Kako Nubukpo ou Fatou Sow, l'Afrique n'a toujours pas acquis sa pleine souveraineté économique et monétaire, l'État français freinant, avec la complicité des gouvernements, cet accès à la souveraineté[XX]. Dès qu'un pays cherche à affirmer son autonomie ou à la reprendre, il est rappelé à l'ordre par des sanctions ou des interventions militaires.

Mais l'État français bénéficie aussi de sa mainmise sur les « Outre-mer » car elles font de la France le deuxième empire maritime au monde, lui offrant une grande diversité de terrains où mener des recherches. Ses recherches en biodiversité et en ressources fossiles et minières permettent notamment à la France de siéger dans toutes les organisations régionales (Océan indien, Pacifique, Caraïbes et Amérique du Sud), et de maintenir ses intérêts géopolitiques, militaires, culturels et économiques (les grandes corporations françaises de BTP ou de distribution y ont pratiquement un monopole).

L'État français dispose ainsi d'un vaste patrimoine naturel, commercial et industriel – sucre, banane, base de lancement de Kourou, industries du nickel et de l'or, grande distribution – et d'un vaste domaine de recherches en biodiversité, vulcanologie, sciences de la mer, des forêts et des fleuves... L'accès au domaine maritime est déterminant dans une période où les rivalités sur la privatisation, la militarisation et l'exploitation des mers s'intensifient. C'est en ce sens que la chercheuse Christiane Rakotolahy parle, concernant l'océan Indien, de *« territorialisation maritime »* qui représente *« la plus importante nouvelle frontière au monde et la maritimisation, de l'océan Indien, l'une des plus dynamiques*[40]. » Cette entreprise de privatisation, d'accaparements des richesses et de militarisation est possible parce que la France possède Mayotte, La Réunion, et les îles éparses du Canal du Mozambique.

Si la préservation des intérêts de l'impérialisme français n'est pas nouvelle et si elle prend des formes différentes au cours des décennies, elle ne cesse néanmoins de rencontrer, nous le savons, des résistances. Artistiques, culturelles, sociales, intellectuelles, politiques, celles-ci rejettent l'image d'une Afrique « pauvre » et condamnée au sous-développement, ou encore d' « Outre-mer » sans futur autre que la migration. Elles révèlent que seule la force permet de maintenir la domination et que les discours de colonisation sans exploitation et assujettissement ne sont que des fictions.

40. Christiane Rakotolahy, « La nouvelle géopolitque de l'océan Indien », *The Conversation* [en ligne], 2 février 2021.

Un monument
à une gloire éphémère et illusoire

Dessiné par l'architecte Albert Laprade, le Palais de la Porte Dorée, dont la construction commence en 1928, se situe à l'ouverture du vaste terrain prévu pour abriter l'Exposition coloniale de 1931. La carrière de l'architecte, comme celles de bon nombre de militaires et experts de son temps, le fait circuler entre France et colonies. Laprade propose ici de créer une *« synthèse du style Art déco contemporain, de l'architecture classique française, et d'éléments librement inspirés de l'art des colonies*[41]. » Il puise cette source d'inspiration dans son séjour au Maroc où, à la demande du maréchal Lyautey, gouverneur général du protectorat marocain, il a travaillé au plan de la ville de Casablanca et de la résidence générale de Rabat[XXI]. Son style est exemplaire d'une modernité coloniale qui hybride des références européennes et non européennes.

L'étalage des richesses extraites des colonies et la mise en scène de peuples courbés par le travail, employés à mille gestes destinés à enrichir la France, occupent les 1 200 m² de la façade du Palais de la Porte Dorée [cf. pp. 48-55]. Elle est réalisée au moment où des fissures apparaissent dans l'empire colonial et où, en France et en Europe, des groupes anticoloniaux aiguisent leurs arguments. Loin de l'image apaisée de mondes travaillant à accroître les richesses de la France, que projette cette façade, l'empire colonial français connaît alors des soubresauts. L'Exposition coloniale internationale de 1931 fabrique une illusion, celle d'une pacification

41. Site du MNHI et *Guide du Patrimoine Paris*, sous la direction de Jean-Marie Pérouse de Montclos, Hachette, 1994.

réussie et d'un empire au travail. Il faut un monument à cette illusion, ce sera cet immense palais.

Le caractère monumental du Palais et de ses bas-reliefs, sculptés par Alfred Auguste-Janniot, est à l'image de l'Exposition. Le gouvernement veut en effet impressionner et fasciner le public en lui offrant une mise en scène de l'empire colonial, avec la visite de tous les territoires conquis. C'est donc grâce à un véritable tour de force que le public visite, en une seule journée, Angkor Vat [fig. 6], Tombouctou, les palais du Niger, ou le palais de la Reine malgache. Ces monuments de civilisations vaincues, désormais « possessions de la France » confirment que l'accès aux fabuleuses richesses est acquis.

L'Exposition de 1931 glorifie la « mission civilisatrice » coloniale française, mais cet euphémisme couvre les politiques d'assimilation qui s'appuient sur la dépossession, le Code de l'indigénat[42], le travail forcé et l'exploitation. Albert Sarraut, député radical-socialiste, théoricien et fervent colonialiste exprime clairement en 1931 ce qu'est la colonisation : *« Ne rusons pas, ne trichons pas. À quoi bon farder la réalité ? La colonisation, au départ, n'a pas été un acte de colonisation, une volonté de colonisation. Elle est un acte de force, de force intéressée[43]. »* Et c'est pour cela qu'il ajoute à propos de l'Exposition : *« L'Exposition doit constituer la vivante apothéose de l'expansion extérieure de la France sous la IIIe République et de l'effort colonial des nations civilisées, éprises d'un même idéal de progrès et d'humanité[44]. »*

42. Ou la légalisation des discriminations.
43. Cité par Manceron, op.cit., p. 153.
44. Cité par Charles-Robert Ageron, 2005, p. 51.

Dans ces empires coloniaux qui n'apportent ni paix ni civilisation mais massacres et ruines, les luttes anticoloniales s'amplifient et le côté colossal de l'Exposition ne fait que masquer, pour un moment, ces brèches. On pourrait même suggérer que l'Exposition est un geste destiné à éloigner de la conscience coloniale la perte qui se dessine, c'est-à-dire à tenir à distance le soupçon que l'énorme effort militaire qu'il faut déployer contre révoltes et insurrections est en fait vain devant l'irrésistible aspiration des peuples à leur souveraineté[XXII]. Par son aspect démesuré, l'Exposition – à l'image de toutes les expositions qui veulent représenter le monde dans sa totalité – révèle en creux l'illusion qui sous-tend le projet colonial.

L'opulence exhibée dissimule le dépeuplement systématique du continent africain que la traite avait entamé et que la colonisation française poursuit : entre 1900 et 1921, la population de l'Afrique équatoriale française passa de 15 à 3 millions. Pour achever la ligne de chemin de fer Douala-Yaoundé, des milliers d'ouvriëres sont brutalement déportéëes pour travailler cinquante-quatre heures par semaine. En 1925, le taux de mortalité sur le chantier est de 61,7 %, l'estimation globale décomptant ainsi 17 000 morts[XXIII]. Pour le journaliste Albert Londres, cela revient à un travailleur forcé Africain mort pour chaque obstacle rencontré le long des 140 km du chemin de fer Congo-Océan[45].

Le maréchal Lyautey est le commissaire général du gigantesque chantier qui est mis en œuvre pour l'Exposition coloniale de 1931. Pendant des mois, travailleürses du bâtiment, artistes, étudiants

45. Cité par Ageron, op.cit., p. 47.

des Beaux-Arts, sculpteürs et autres corps de métiers réalisent sur 110 hectares une mise en scène éblouissante de la colonisation. Les commissaires espèrent sans doute que cette mise en images pacifiée et accueillante d'un vaste monde attirera le public [fig. 9]. Ils n'avaient pas tort, l'Exposition fit des millions d'entrées.

Des résistances multiformes à la colonisation

Nous avons l'habitude d'entendre qu'il n'y avait pas d'anticolonialisme et d'anti-impérialisme organisés avant les années 1940-1950. Mais, dès que des voix se font entendre, dès que des révoltes se constituent, nous les reconnaissons comme les prémisses des mouvements d'indépendance à venir. Pour nous, décoloniaüx, les personnes qui luttent et résistent dans les colonies sont des anticolonialistes. Les historiænnes du Subaltern Studies Group voient par exemple dans les chants des révoltes paysannes des énoncés anticoloniaux. Questionnant le récit officiel qui ne retient que les noms de dirigeants nationalistes de la classe bourgeoise, leur théorie met à jour le silence imposée aux subalternes et aux femmes [48 XXIV] et offre des pistes pour faire resurgir ces mouvements.

Les paroles et les actions de résistance des coloniséëes, quelle que soit leur forme d'expression, appartiennent à la grande bibliothèque de l'anticolonialisme. Celui-ci ne naît pas quand, finalement, des Européëennes dénoncent le colo-

48. Ce mouvement, fondé par l'historien Ranajit Guha et qui émerge en Inde dans les années 1980, est très critique de la lecture selon laquelle ce serait la prise de conscience politique des élites indiennes qui aurait inspiré les masses à la résistance et à la rébellion contre les colons britanniques. En France, les notions de postcolonialité et de subalterne font toujours l'objet de controverses médiatiques.

nialisme. Dans les années 1910-1920, en Europe et en France, des Noirxes, des Asiatiques, des Arabes s'organisent, écrivent, se mobilisent : Congrès panafricain à Paris en 1919, création en 1921 de l'Association panafricaine, ou encore en 1924 de la Ligue universelle de défense de la race nègre. En 1927 se tient à Bruxelles le Congrès constitutif de la Ligue contre l'impérialisme et l'oppression coloniale [fig. 24], proche du mouvement communiste et du Kominterm, et auquel assistent des représentants de l'ANC, de l'Étoile nord africaine, dont Lamine Senghor, Messali Hadj, Albert Einstein, Henri Barbusse, Victor Basch et Jawaharlal Nehru. Dans sa déclaration finale, la Ligue associe le mouvement national révolutionnaire dans les colonies à la lutte du prolétariat en Europe. En 1928, en Guyane, des protestations contre le racisme et le colonialisme conduisent à l'inculpation de quatorze Guyanais, qu'un tribunal de Nantes refuse de condamner en 1931 [47].

Dans les colonies, les résistances prennent des formes multiples : mobilisations politiques, publications, création de mouvements, de journaux, créations artistiques et culturelles [XXV] [fig. 18, 19]. Ainsi, en 1927, à Madagascar, sont créés deux journaux anticolonialistes, *L'Opinion* et L'*Aurore malgache* [XXVI].

Rappelons ici une infime partie des révoltes et actions populaires, trop souvent immémorées : la grande révolte de Kabylie en Algérie en 1871, celle conduite par Ataï en 1878 [48] en Kanakie, Nouvelle-

47. La littérature sur les luttes anticoloniales est abondante et s'enrichit de plus en plus. Il serait impossible de leur faire justice sans toutes les citer.

48. [N.B., ce qui suit peut heurter la sensibilité des personnes qui lisent N.D.E.] Ataï est décapité et son crâne est envoyé au Muséum national d'histoire naturelle à Paris pour confirmer l'infériorité des Kanaks. Au XXe siècle, le peuple kanak réclame le retour du crâne

Caledonie, les soulèvements au Vietnam en 1908, l'insurrection du Rif au Maroc sous la direction d'Abdelkrim el-Khattabi qui commence en 1921 [fig. 22 et 23], les révoltes en Syrie dès 1920 [fig. 21] et de nouveau au Vietnam en 1930. Ajoutons, la création du club des Jeunes Sénégalais en 1910 et la résistance que constituent les migrations de masse où des milliers de personnes fuient les territoires colonisés. Parlons de l'opposition par les armes à la pénétration coloniale : Maba Diakhou Ba qui tente d'unifier les pays situés au nord de la Gambie, Lat Dior Diop au Cayor, Albouri Ndiaye et Mamadou Lamine Dramé sur le haut-fleuve Sénégal et au Boundou. Révoltes et manifestations pour les droits éclatent dans tout l'empire colonial français, dont, en 1916, les révoltes des Somba de l'Atakora et de la région du Borgou, mais aussi des Bariba, des Sahoués du Dahomey, et des Agni du Sanwi. Évoquons, en 1917, les manifestations à Abéché (Tchad) ; de 1917 à 1918, celles des peuples du Gabon et du Moyen Congo ; en 1919, celles des peuples des régions de l'Ouham-Pendé, de l'Ouham-Barga et de la partie attribuée au Cameroun à la France, où cette dernière pacifie en massacrant et en pillant. De 1928 à 1931, nous pouvons retenir les soulèvements au Congo et dans l'Oubangui. En 1929, les premières grandes manifestations anticoloniales ont lieu à Madagascar, tandis que les régions de l'Ibenga et de la Motaba, puis de Liakouala et du Tchad se rebellent. L'insurrection gagne le Cameroun et le Gabon. Puis, en 1930, le Moyen Congo se soulève également. Mais l'empire colonial français n'est pas le seul à rencontrer des résistances :

d'Ataï. À la suite de longues négociations avec l'État français et le Museum (qui ne « retrouvait » pas le crâne), Ataï est finalement restitué au peuple kanak en 2014. Une grande cérémonie de retour lui est consacrée.

création du mouvement du 4 mai 1919 en Chine et du Parti du Congrès en Inde en 1920 ; révolte armée en Irak contre l'occupation britannique en 1920 ; révolte armée d'Omar Al-Mokhtar en Libye contre l'occupation italienne dans les années 1920 ; création du mouvement anticolonial *Wafd* en Égypte dont la féministe Huda Sharawi [fig. 31] préside le comité central dès janvier 1920.

Si l'histoire a surtout retenu des noms d'hommes, Ndaté Yalla Mbodj [fig. 25] au Sénégal et les femmes dahoméennes travaillant au Cameroun qui font grève en 1891 démontrent que les femmes ont participé aux résistances [XXVII]. Le régime colonial a marginalisé le rôle des femmes, les a exclues du savoir et a renforcé le patriarcat mais n'a pas hésité à les exploiter, à les animaliser et les sexualiser, à légitimer le viol, la dépossession et à réquisitionner des femmes même enceintes pour construire des routes, sans nourriture et sans salaire.

Une « apothéose qui est celle du crime »

Vaste entreprise de communication pour faire adhérer le peuple français à la domination raciale, l'Exposition de 1931 apparaît, à la lumière de ces résistances, comme un voile jeté sur la fragilité de la colonisation. Une fragilité que peu encore décèlent. Cependant, quand les journaux parlent des révoltes aux colonies, c'est pour en dénoncer le caractère « barbare » et célébrer leur écrasement. Mais l'unanimité n'est pas totale. Des anarchistes, des trotskystes, des communistes et des intellectüelles, qui n'appartiennent pas qu'à l'extrême-gauche, avertissent du caractère raciste et brutal de la colonisation. Des étudiantxes venant des colonies créent des sections au sein de l'Union fédérale des étudiants (UFE) où ielllx rencontrent des militantxes de la gauche communiste et non-communiste. En juin 1930, une pétition lancée pour protester contre l'expulsion d'étudiantxes vietnamiænnes et africainxes, arrêtéëes en marge de la manifestation du 1er mai au mur des Fédérés (Paris), recueille de nombreuses signatures. Au printemps 1931 : *« La revue Europe publie une pétition d'intellectuel.le.s dénonçant avec vigueur la " répression de vengeance ", c'est-à-dire la condamnation à mort et les exécutions menées par le gouvernement français contre les détenus politiques en Indochine*[49]*. »* Chaque jour, le journal *L'Humanité* fait l'inventaire des *« crimes du colonialisme »* et déclare à propos de l'Exposition de 1931 : *« Cette apothéose est celle du crime*[50] *»* [fig. 13]. Des Vietnamiænnes violemment opposéëes à l'Exposition impriment des autocollants anticolonialistes [fig. 12]. Le 6 mai 1931, les surréalistes André Breton, Paul Eluard, Tristan Tzara, Louis Aragon et d'autres distribuent à Vincennes un tract intitulé : *« Ne visitez pas l'exposition coloniale »*. Avec les communistes, le groupe d'artistes organise une contre-exposition [fig. 14, 15, 16] place du Combat (aujourd'hui place du Colonel-Fabien)[51]. Quelques

49. Pierre-Frédéric Charpentier, « Imbéciles, c'est pour vous que je meurs ». *Valentin Feldman (1909-1942)*, CNRS éditions, 2021, pp. 87 et 88.
50. Cité par Raoul Girardet, « L'apothéose de la « plus grande France » : l'idée coloniale devant l'opinion française (1930-1935) », in Revue française de science politique, n°6, 1968. pp. 1085-1114 ; voir aussi, Charles-Robert Ageron, « Les colonies devant l'opinion publique française (1919-1939) », in Revue française d'histoire d'outre-mer, tome 77, n°286, 1er trimestre 1990, pp. 31-73. L'auteur décrit bien l'énorme effort de propagande que le gouvernement entreprit avec l'aide de sociétés savantes, des médias, pour faire aimer l'empire colonial à la population française.
51. Le 4 juillet 1931, *L'Humanité* annonce une contre-exposition intitulée *La vérité sur les colonies*. Elle est organisée par la Ligue contre l'Impérialisme et l'Oppression coloniale, et installée dans une grande construction de bois aux vastes baies vitrées à deux étages sur un terrain appartenant à la CGTU, Place du Colonel Fabien, à Paris.

5 000 personnes la visitent, tandis que des millions de personnes se rendent à l'Exposition coloniale. L'anticolonialisme est alors assimilé à la menace communiste et présenté comme anti-français et séparatiste. La répression contre lui s'intensifie pendant que le fascisme et le nazisme s'installent en Europe, et que l'antisémitisme en France s'exprime ouvertement et de manière très virulente. Bientôt, ce sera la guerre d'Espagne, où des coloniséées combattront aux côtés des républicainxes contre les fascistes. Puis viendront les avènements des régimes nazi et fasciste, en Europe et en Asie.

L'adhésion au colonialisme repose sur le sentiment narcissique d'appartenir à la « grande France », censée apporter la civilisation à des peuples restés dans la barbarie. Il repose sur le racisme et sur l'accès aux produits de la colonisation [fig. 3].

Une mise en images racialisée du monde

L'institution musée participe à l'invention de catégories homogènes et racisées (« l'Africain », « l'Asiatique », « l'Arabe », « l'Européen ») qui renforcent la suprématie occidentale blanche avec une conception de l'art et de la culture plaçant l'Europe au centre du monde[52]. Le musée a été un élément central de cette entreprise en diffusant des représentations animalisées, sexualisées et racialisées des « autres » dont nous ne sommes pas encore entièrement libéréées.

Voir Alain Ruscio, « Contre l'Exposition coloniale de 1931 (Paris-Vincennes) : des voix fermes, mais bien isolées. Aperçus », *Aden*, vol. 8, no. 1, 2009, pp. 104-111 ; Vincent Bollenot, « Ne visitez pas l'exposition coloniale ! » La campagne contre l'exposition coloniale internationale de 1931, un moment anti-impérialiste. *French Colonial History*, 2019, 18, pp. 69-100.

52. Il existe une importante littérature sur la décolonisation du musée, à commencer par sa possibilité même.

Dans son ouvrage sur le nationalisme, l'historien Benedict Anderson voit dans le musée, avec le recensement et la carte, un des instruments puissants de codification dans la création d'un monde social[53]. Le musée n'est en effet jamais un espace neutre. La manière dont sont organisées sa muséographie et son architecture, les textes qui accompagnent les objets, le terme même d'objet, l'origine et la composition de sa collection, tout cela mérite une réflexion critique. Peu importe dès lors que nous n'allions pas au musée, comme peu importe que nous ne fassions pas attention aux statues et monuments que nous croisons au cours de nos marches à travers la ville. Leur présence véhicule un discours, une manière de montrer le monde.

Au sommet, la déesse de la guerre

Au sommet du triangle colonial, se trouve la statue de la France en déesse Athéna, représentant *« la France apportant la paix et la prospérité aux colonies »*. Elle trônait en haut des marches de l'ex-Musée des Colonies avant d'être déplacée place Édouard-Renard, où elle est actuellement. Édouard Renard, né à Oran en 1883, fut successivement gouverneur

53. Benedict Anderson, *L'imaginaire national. Réflexion sur l'origine et l'essor du nationalisme*, La Découverte, 2002, chapitre 9. Les études sur le musée comme élément structurel du nationalisme et du colonialisme se sont multipliées ces dernières décennies, témoignant de l'importance de cette institution dans l'invention d'une tradition, la présentation eurocentrée du monde, et le racisme civilisateur. Il est difficile de choisir dans cette abondante bibliographie, peut-être signaler l'incontournable ouvrage : Edward Saïd, *L'Orientalisme. L'Orient créé par l'Occident*, Points, 2015. Depuis quelques années, des musées ont entrepris une révision de leur muséographie et des cartels mais aux yeux de chercheürses, artistes, militantxes décoloniaüx, cette révision ne s'est pas radicalement attaquée à la structure. Voir par exemple, Fisun Güner, « Why Decolonizing Museums Is Not Enough », *Elephant.art* [en ligne], 10 décembre 2020. Ou encore le film, *The Museum Will Not Be Decolonized*, 2019, en ligne sur Vimeo.

général de l'Afrique équatoriale française, préfet de Constantine, puis de la Seine. Le terre-plein central sur lequel est érigée la statue a été nommé, en 1987, square des Anciens-Combattants d'Indochine. Trois noms, trois symboles, n'avions-nous pas parlé de concentré de l'histoire coloniale ?

Une tapisserie de pierre rendant gloire à l'extraction

Les bas-reliefs du Palais de la Porte Dorée, ou plutôt « le » bas-relief, car il représente un même thème – l'exploitation du travail des coloniséëes – est une véritable « tapisserie de pierre ». Œuvre du sculpteur Alfred Auguste Janniot (1889-1969), cette imposante fresque constitue finalement une encyclopédie coloniale[54]. Intitulée : *« L'Apport des territoires d'outre-mer à la mère patrie et à la civilisation »*, elle est la seule de ce genre en France par sa dimension. Un monde étendu, divers et complexe est réduit par l'artifice de ce bas-relief à une surface plate sur laquelle des figures immobiles œuvrent à la plus grande France. Claire Maingon écrit à son sujet : *« La grande fresque de pierre qui recouvre la façade, exécutée magistralement par Alfred Auguste Janniot, délivre également un message à la fois pédagogique et propagandiste. À l'instar d'un grand livre imagé représentant les colonies, le décor illustre les apports de l'Empire à la métropole. Les ethnies colonisées y*

54. Alfred-Auguste Janniot, spécialiste de décors monumentaux en pierre, sculpteur prolifique aux nombreuses commandes publiques, marque l'histoire du style Art-Déco. Il a également réalisé les bas-reliefs au Rockfeller Center de New-York en 1934, ceux de la façade de la bourse du travail de Bordeaux en 1936, deux des grands bas-reliefs à l'arrière du palais de Tokyo pour l'exposition universelle de 1937, ou encore les haut-reliefs du Mémorial Mont-Valérien en 1956. Voir Claire Maingon, *Alfred Janniot (1889-1969) : à la gloire de Nice*, Paris, Galerie Michel Giraud, 2007 ; Anne Demeurisse (dir.), *Alfred Auguste Janniot-1889-1969*, Éditions d'Art Somogy, Paris, 2003.

sont minutieusement détaillées, et des inscriptions permettent d'identifier plus clairement les produits et les régions représentées[55]. »

Pour réaliser les corps noirs, Alfred Auguste Janniot prend des modèles vivants, comme l'atteste la photo d'une femme noire posant nue dans son atelier. Pour les autres personnages et les plantes, il s'appuie très probablement sur des photographies et des dessins rapportés par des scientifiques, des botanistes, des ethnographes, des soldats et des administrateurs. Les sculptures en pierre du monde islamique, du sous-continent indien, des Amériques, de l'Asie (sud-est et est) et du Pacifique que des colons ont pillées ou achetées et rapportées en France ont pu également l'inspirer. Le Louvre et l'école des Beaux-Arts fournissent aux artistes français une vaste collection d'arts non-européens dont ils s'inspirent et dont ils s'approprient le style.

La colonie,
une « Nature » à discipliner

La profusion d'animaux, de végétation et d'êtres humains pourrait évoquer les temples hindous ou khmers, si nous ne pensions pas à l'idée que l'Europe se faisait du monde non-européen où tout était enchevêtré et entremêlé de manière indistincte. Êtres humains et animaux, plantes et pirogues, se chevauchent et s'entrelacent. Ici, la moitié d'un corps surgit de derrière des feuilles, là un enfant accroché à la hanche d'une femme est posé au-dessus de cactus, plus loin le nom « Soudan » surgit de la gueule d'un lion. Pas de vie sociale ni de villes, la colonie est « Nature ».

55. Claire Maingon, « Le palais de la Porte-Dorée, témoignage de l'histoire coloniale », *Histoire par l'image* [en ligne], avril 2008.

C'est un désordre qui contraste avec sa finalité structurée : l'exportation planifiée des produits vers la France. Mais c'est aussi un désordre qui renvoie à la mise en ordre du monde par la colonisation [XXVIII]. L'ethnologie, la botanique et la géographie sont chargées d'arranger cette indistinction, de créer des catégories, elles-mêmes classées selon des hiérarchies. La colonie devient une colossale entreprise d'apprivoisement de la faune, de la flore, des êtres humains, des rivières, des forêts, des montagnes. Rien ne doit échapper au regard et à la mainmise des colons. Il faut renommer, prescrire, agencer, distinguer selon des normes qui renforcent une épistémologie et imposent des binarités rigides sur des mondes ayant des conceptions complexes du vivant. La colonisation est un projet de maîtrise, de possession, de transparence.

Grâce à cet aménagement, le peuple français peut avoir le sentiment que tout le savoir est à sa portée, que la colonisation lui offre, pacifiée, disciplinée et soumise, l'entière diversité de la planète. Humains, plantes, animaux font partie d'un même ensemble, un monde sauvage domestiqué pour le plaisir, l'aisance et le bien-être de l'Europe. Le jardin d'acclimatation est un instrument de cette entreprise d'apprivoisement : dans le confort et la sécurité, le public peut croire visiter la jungle, la savane, la forêt et les mers tropicales. L'aquarium au sous-sol du Musée ne constitue pas une erreur de conception, il accrédite l'idée d'un tout amadoué et dompté. Cet ordonnancement du monde n'est donc pas qu'une affaire d'images et de discours.

Une ode à l'exploitation

Si l'on se tient face au Palais de la Porte Dorée, nous voyons que les colonies d'Afrique sont représentées à gauche, tandis qu'à droite nous observons les colonies d'Asie. Celles des Caraïbes-Amériques et de l'océan Indien sont sur le côté gauche du bâtiment, celles du Pacifique sur le côté droit. Au centre, au-dessus de l'entrée principale, la France apparaît sous les traits d'une femme assise, la poitrine nue, entourée de signes de fécondité et d'opulence., parmi lesquels des fleurs et des fruits, une vache, un taureau et des têtes de chevaux. À ses pieds, deux déesses de la mythologie romaine : Cérès, déesse de l'agriculture, et Pomone, déesse des fruits. C'est sous ces symboles fortement genrés et accompagnés de la devise *« Paix et Liberté »* que le public entre dans le musée.

Tout près de la figure de la France, avions et navires signalent sa maîtrise des mers et des airs. Mais seuls les navires européens sont associés à cette maîtrise, les autres peuples ayant, eux, que des pirogues. Que les océans Pacifique et Indien aient été traversés pendant des millénaires par des navigateurs aux talents exceptionnels, et que la navigation européenne aient profité de leurs savoirs (boussoles, connaissance des courants, utilisation de pilotes locaux) n'est pas pertinent dans une représentation de la mission civilisatrice.

L'industrie maritime, indispensable à la domination coloniale

Les navires ont naturellement leur place dans cette encyclopédie coloniale car sans eux, pas de traite, pas de déportation des Africainxes, pas de transport de sucre, de café, de tabac. Sans la Marine, pas de transports de troupes et de canons, de gouverneurs et d'explorateurs, de colons et d'administrateurs. C'est d'ailleurs le Ministère de la Marine et des Colonies qui fut longtemps chargé de la gestion de la conquête puis de l'administration coloniale (1790-1848, 1852-1858, 1860-1883, 1889), avant que ne soit créé le Ministère de l'Algérie et des Colonies (1858-1860), puis le Ministère des Colonies (1889-1890, 1894-1946), et enfin l'actuel Ministère de l'Outre-Mer. Une généalogie qui indique, là encore, le lien entre commerce, puissance maritime, richesse, armée et colonisation.

La traite et la colonisation permettent le développement de l'industrie maritime et des armes, des économies des arrière-pays qui fournissent les denrées et objets nécessaires au commerce négrier et colonial, le développement des assurances, des banques, des circuits commerciaux et industriels. À l'époque de l'Exposition coloniale de 1931, les ports jouent toujours un rôle central et voient transiter quantité de produits coloniaux importés (thés, coquillages, miel, poivre, étain, nickel...). Mais le navire est aussi le lieu où des solidarités se créent entre marins aux origines cosmopolites, et entre marins et esclavagiséëes et coloniséëes. Il facilite autant la circulation d'idées et de journaux anticolonialistes que les flux militants[58].

58. Sous l'esclavage colonial, les équipages aux origines cosmopolites jouèrent un rôle subversif. Voir Julius S. Scott, *The Common Wind. Afro-Americans Currents in the Age of the Haitian Revolution*, Verso, 2018, où l'auteur montre comment des marins, dont des Noirxes, faisaient rapidement circuler des idées anti-esclavagistes et les nouvelles sur les insurrections entre les îles des Caraïbes ou aidaient des esclavagiséëes à s'enfuir ; Marcus Rediker dans *Les Forçats de la Mer : Marins, marchands et pirates dans le monde anglo-américain (1700-1750)*, trad. de l'anglais, Libertalia, 2010, et *L'hydre aux mille têtes : L'histoire cachée de l'Atlantique révolutionnaire*, trad. de l'anglais, Éditions Amsterdam, 2008, qui décrit l'histoire d'en bas, révolutionnaire maritime. Pendant la colonisation, étudiantxes, soldats, travailleürses, Vietnamiænnes, Malgaches, Algériænnes, Sénégalaisxes et autres coloniséëes se rencontrent sur les navires, rapportent au pays des journaux et des livres anticolonialistes. C'est par bateau, qu'à différentes époques, Frederick Douglass, Hô Chi Minh ou Aimé Césaire se déplacent.

Sur le bas-relief du Palais, les noms des pays colonisés sont accompagnés des produits qu'ils fournissent à la France :

ivoire,
bois précieux,
plomb,
cuivre,
charbon,
phosphate,
zinc,
laine,
caoutchouc,
coton,
soie,
tapis.

Les cultures agricoles sont soit mentionnées par leur nom, soit sculptées :

banane,
riz,
pommes de terre,
céréales,
vignes,
ananas,
arachides,
café,
cola,
huile de palme,
muscadiers,
cacaoyers,
vanille,
poivre,
sucre.

Sont aussi représentés des animaux :
moutons,
chameaux,
dromadaires,
gazelles,
perroquets,
singes,
lions,
tigres,
hippopotames,
antilopes,
rhinocéros,
dauphins,
crocodiles,
poissons,
oiseaux,
éléphants d'Afrique et d'Asie.

Aucun savoir scientifique ou technologique n'est accordé aux coloniséëes représentéëes, pas une page de livre, pas une ébauche d'écriture, pas une construction : iellx semblent seulement capables de travail manuel. Or, nombreux sont les savoirs qui ont été soit pillés et appropriés par les colons, soit interdits car ils menaçaient leur pouvoir. Parmi ces savoirs, citons ceux des femmes esclavagisées et autochtones qui connaissent les plantes abortives et celles qui permettent de surmonter la douleur de l'accouchement[XXIX].

La plantation, modèle d'une architecture globale

La façade du Palais est, pouvons-nous dire, une image fidèle de la plantation, de ce système qui modernise l'exploitation et offre le modèle d'une organisation autoritaire, hiérarchisée et raciste. Elle est le modèle de la fabrication d' *« une vulnérabilité différenciée à une mort prématurée*[57] ». Le monde qu'elle produit n'a pas disparu. Reconfiguré, il reste l'espace de l'abus de pouvoir, de la violence structurelle et systémique du capitalisme racial.

La plantation demeure un des piliers du *capitalisme agro-extractiviste*[58]. Les femmes qui travaillent dans les plantations d'huile de palme et de sucre, en Afrique et dans les Amériques centrale et du Sud, témoignent de la terreur quotidienne par le viol, la violence, les expulsions, l'incendie de leurs maisons, de leurs récoltes et l'oppression de leurs cultures par des milices armées ou par la police de l'État[59]. Le 25 novembre 2020, l'Alliance informelle contre les plantations industrielles de palmiers à huile en Afrique occidentale et centrale mettait en ligne une vidéo où des femmes africaines dénonçaient d'une part le fait que *« les femmes sont obligées de céder leurs corps pour accéder à la plantation, à la quête des moyens de survivre pour la famille »*, et d'autre part que *« la destruction des forêts, des sites sacrés et de rites, les tombes, creuset culturel des femmes sont engloutis*[60] *»*. Pour ces femmes, ces violences sont indissociables du vol des terres communautaires ou de l'obligation de cultiver des terres polluées par les produits chimiques des grandes plantations.

57. Ruth Wilson Gilmore dans *Golden Gulag : Prisons, Surplus, Crisis and Opposition in Globalizing California*, University of California Press, 2007, p. 28.
58. L'expression est d'Alberto Alonso-Frajedas, voir : Alberto Alonso-Frajedas, « La montée du populisme autoritaire entrepreneurial au Guatemala », in *Les nouveaux territoires de l'agrobusiness*, Syllepse, Alternatives sud, 2019, pp. 119-142, p. 120.
59. Alberto Alonso-Frajedas, op.cit. Voir aussi : « En Afrique, des femmes dénoncent des violences dans les plantations industrielles d'huile de palme », *Entre les lignes, entre les mots* [en ligne], 18 février 2021.
60. Voir la vidéo sur https://entrelesignesentrelesmots.blog

À l'avant-garde des mouvements contre les plantations industrielles au Cameroun ou en Côte d'Ivoire, dans toute l'Afrique occidentale et centrale, des femmes mettent en lumière le fait que le viol est systémique, et non quelque chose à côté. Que c'est une technique de terreur indissociable du régime dominant de la plantation. Que toutes les femmes vivent sous la menace du viol : celles qui travaillent dans les plantations, celles qui se rendent à leur jardin, comme celles qui habitent à côté des plantations. *« Nous on souffre »*, disent-elles. *« La violence inhérente au modèle colonial des plantations n'épargne pas les systèmes de reproduction de la vie, c'est-à-dire les systèmes d'organisation collective, la souveraineté alimentaire, les soins communautaires, la diversité culturelle et linguistique, les savoirs ancestraux, parmi de nombreux aspects »*, écrit le Mouvement mondial pour les forêts tropicales[81].

Plantationocène[82]

L'esclavage colonial et la colonisation post-esclavagiste ont imposé un régime plantationnaire, la monoculture, et instauré une division raciale du travail. L'économie extractiviste que ce régime nourrit conduit à l'épuisement des corps et des sols. En partant d'une des cultures nommées sur la façade du Musée, nous pouvons retracer un monde où s'enchevêtrent des éléments culturels, sexués, genrés, raciaux, économiques et politiques et, à travers cette mise à jour de croisements et d'intersections, d'éléments en réseaux plutôt que strictement pris

81. Ibid.
82. Le terme est de Malcom Ferdinand dans *Une écologie décoloniale*, Seuil, 2019.

dans une logique de cause à effet, nous appréhendons la globalisation esclavagiste et impérialiste.

Prenons donc la banane, représentée de façon récurrente sur le bas-relief. Elle tient, comme peu d'autres fruits, une place majeure dans l'histoire coloniale et impérialiste. Tracer ses itinéraires et ses usages dessine une cartographie complexe où se mêlent passé et présent, domination et résistance. Citons son origine géographique (Nouvelle-Guinée), les itinéraires de sa diffusion (Japon, Inde, Sicile, Caraïbes-Amériques, Afrique), son rôle dans l'esclavage, dans le capitalisme et l'impérialisme, dans l'histoire des goûts et de la cuisine, dans la culture, les arts, les rituels, les genres et les sexualités, dans l'histoire du racisme, du cinéma et de la mode, de la musique et de la publicité. On trouve la banane dans des rituels aux Caraïbes, en Amérique du Sud et centrale, dans l'océan Indien, en Afrique et en Asie. Elle est présente dans des mythologies. Elle a été la cause d'interventions impérialistes en Amérique centrale (les « républiques bananières » installées par la CIA). Son industrie entraîne de terribles pollutions qui menacent êtres humains et environnement (chlordécone aux Antilles, et autres dangereux pesticides dans les plantations des Amériques, Afrique et Asie). Elle est devenue le symbole de la Négrophobie (il suffit de jeter des bananes dans un stade pour que tout le monde comprenne *spontanément* qu'elles sont une insulte raciste). Elle a été érotisée (la ceinture de bananes de Joséphine Baker) et sexualisée (elle est un symbole phallique). Présentée comme un aliment indispensable à la santé, c'est le fruit le plus commercialisé au monde. Elle est, en conséquence, l'objet de luttes anti-monopoles, anti-pollution, anti-impérialistes, anti-plantationnaires, et de luttes pour les droits du travail et de la santé. En partant d'un fruit tellement familier qu'il en est banal, on tisse des récits qui mettent à jour des intersections dans le temps et l'espace et qui éclairent le présent. Libre à nous de reproduire l'exercice avec le sucre, le tabac, le café, le coton ou le cacao[XXX].

Cette méthodologie peut être appliquée aux pays colonisateurs, et donc à la France, afin de montrer les réseaux économiques, sociaux et culturels produits par la traite, l'esclavage et la colonisation, dont les systèmes ont facilité le développement économique des arrière-pays des ports négriers. Ces derniers fournissaient la toile pour les voiles des bateaux et indiennes (tissu), armes, blé, vin, vaisselle, clous, chaînes de fer, canons et bois pour la construction des navires. Ils ont en outre contribué au rôle de l'imprimerie, de la peinture et des lithographies, dans la diffusion des arguments pro-esclavagistes et anti-esclavagistes. Sur le continent africain, la traite puis la colonisation ont transformé le paysage côtier avec des forteresses et la création d'« usines à esclaves » où les captifves sont non seulement déjà soumisxes à la discipline esclavagiste (coups, viols, torture, sous-alimentation) mais doivent aussi travailler pour le bénéfice des trafiquants. Certaines de ces installations détiendront jusqu'à 5 000 personnes.

La guerre de capture détruit les peuples, les villages et les cultures. Dans un cycle meurtrier, le chaos des razzias provoque des famines qui alimentent, à leur tour, la traite. La tradition orale en Afrique de l'Ouest, sur la *« période des chevauchées permanentes »*, a gardé en mémoire *« l'ampleur des ravages opérés par certaines maladies », « le développement de l'alcoolisme, la régression de l'agriculture, de la prostitution, des disettes et des fa-*

mines[63]. » La colonisation poursuit ce remodelage des paysages, impose des routes de circulation des marchandises, un découpage administratif et des codes de conduite. L'héritage de ces siècles pèse encore, un héritage que les Africainxes, du sud au nord, et d'est en ouest, ne cessent de secouer.

Au travail, au travail, au travail !

Sur le bas-relief, les figures de pierre, muettes, à jamais pétrifiées dans un geste de travail manuel projettent l'image d'un monde harmonieux, où chaque personne est à sa place, et à la tâche. Si dans la partie Asie, un ou deux éléments culturels apparaissent (un Bouddha par exemple), rien du côté Afrique. Le sculpteur est ici fidèle au classement colonial/racial des groupes humains : au sommet, l'homme blanc, puis les Asiatiques qui auraient eu une civilisation, perdue depuis, et, en bas de l'échelle (avant les peuples autochtones du Pacifique) les Africainxes, qui n'auraient ni histoire ni civilisation. Dans tous les cas, la mission civilisatrice a pour but de réveiller des peuples endormis et de les faire entrer dans l'histoire.

Les Africaines ont la poitrine nue alors que les Asiatiques portent un corsage, les hommes noirs sont aussi à moitié nus, mais tout le monde est au travail. Les corps colonisés – féminins et masculins – récoltent, sèment, plantent, cultivent, cueillent, pêchent, trient, coupent, transportent, lavent, chargent et déchargent des bateaux, cuisinent, pagayent, chassent. Le bas-relief est une ode au travail, au travail forcé, au travail indigène. La colonisation est une formation à la discipline

63. Mbaye Guèye, « La tradition orale dans le domaine de la traite négrière », in *Tradition orale et archives de la traite négrière*, Paris, UNESCO, 2001, pp. 16-17.

puisque l'Europe est convaincue depuis l'esclavage qu'aucun peuple non-européen ne sait travailler, épargner ou produire[84].

Cependant, il n'y a nulle part la trace des colons sur le bas-relief. Comme si leur présence n'était plus nécessaire. Comme si les peuples avaient accepté de courber la tête et de servir la France représentée dans l'attente des richesses que lui apportent ses sujets. Le bas-relief donne l'image d'une exploitation consentie, intégrée, admise, et c'est à l'intérieur du Musée, dans les grandes peintures murales du rez-de-chaussée, que l'on trouve une représentation des colons. On a donc deux créations imagées du monde colonial : à l'extérieur, la « nature » dans les colonies où humains, plantes et animaux sont sur le même plan, gravés dans la couleur neutre de la pierre, tandis qu'à l'intérieur, l'administration coloniale est évoquée sur fond de couleurs foisonnantes et variées.

84. Sur la « paresse inhérente » des peuples non-européens, voir entre autres les citations de philosophes et hommes politiques français ou européens dans *Discours sur le colonialisme* d'Aimé Césaire (op.cit), Franz Fanon, *Peau noire, masques blancs*, Seuil, 1954, Alain Ruscio, *Le credo de l'homme blanc*, Complexe, 1995, *La France colonisatrice*, Lina Levi, 1983. En fait, nombre de textes de républicains colonisateurs sont remplis de citations racistes.

L'Exposition Coloniale de 1931

Dates : De Mai à Novembre 1931
Emplacement : Entre Paris 12e et Vincennes

L'Exposition Coloniale de 1931 est un exemple magistral de la mise en scène de la colonisation française. Plus de 33 millions de tickets sont vendus en 6 mois à un public qu'on invite, à grands renforts de publicité, à découvrir les colonies et leurs populations. Des centaines de batiments sont érigés pour présenter la richesse et la diversité des cultures soumises à l'Empire. Le général Hubert Lyautey est le cerveau de l'Exposition. De ce moment colonial, nous héritons une manière d'exposer, de montrer, de scénariser (Zoos, aquariums, muséographies...). L'impact de l'Exposition a été conséquent. Elle a notamment contribué à diffuser l'idée de la « Plus Grande France » au sein de la population française.

Hubert Lyautey
à l'Exposition Coloniale

Pavillon de l'Afrique Occidentale française (AOF)
à l'Exposition Coloniale.

Palais de la Porte Dorée
(ex-Musée Permanent des Colonies)

Plan de l'Exposition Coloniale

Le Zoo de Vincennes, a été construit pour l'Exposition coloniale Étant donné son succès colossal, il est déplacé en 1932 à l'endroit qu'il occupe actuellement dans le bois de Vincennes.

Monument à un criminel de guerre

02

« Quelle drôle de façon de civiliser :
pour apprendre aux gens à bien vivre,
on commence par les tuer ! [...]
Lorsqu'on a la peau blanche,
on est d'office un civilisateur.
Et lorsqu'on est un civilisateur,
on peut commettre des actes de sauvage
tout en restant le plus civilisé. »

Hô Chi Minh, *Le procès de la colonisation française*, 1924

[N.B., ce chapitre revient sur la réalité extrêmement violente d'une expédition coloniale, certains passages peuvent être difficiles à lire, à toutes fins utiles nous nous efforçons de les signaler, N.D.E]. Passons de l'autre côté de l'avenue Daumesnil. Face à l'entrée du Palais de la Porte Dorée se tient un monument érigé en 1949 en l'honneur de Jean-Baptiste Marchand (1863-1934) et à la gloire de l'expédition Marchand-Congo/Nil (1896-1899) [cf. planche 3]. Cette expédition contribua à la pénétration de l'impérialisme français en Afrique et au découpage du continent entre les puissances européennes, détruisant des royaumes, des organisations politiques, sociales, économiques et culturelles au nom — dévoyé — de la civilisation. Elle coûta la vie à des milliers d'Africainxes.

Le commandant Marchand, adulé en France et couvert d'éloges à son retour de l'expédition en 1899, devint l'un des grands héros de l'épopée coloniale française car il avait aussi bien tenu tête aux Africainxes qu'à l'ennemi séculaire, l'Anglais. Grâce à des journaux, à des collections de timbres, à des magazines et des livres pour enfants, à des catalogues de photos, les expéditions coloniales deviennent de véritables épopées héroïques, façonnant les mentalités et relativisant massacres et exploitation. Ce monument à la mission Marchand, qui ne dit pas grand chose à qui passe devant, a cependant été maintes et maintes fois la cible d'altérations et d'attentats, témoignant que selon certaines personnes, il est loin d'être neutre.

Le monument représente, sur 10 mètres de long, cinq explorateurs blancs, trois soldats coloniaux noirs, quatre porteurs noirs et le parcours du fleuve Congo, avec les noms des villes que la mission traverse : Loango, Brazzaville, Bangui, Oubangui, Chari, Bangassou, Tamboura, Bahr el Ghazal, Fachoda et enfin, Djibouti. La statue de Marchand, qui a disparu, faisait plusieurs mètres de haut, dépassant le monument qui lui-même mesure plus de trois mètres à son plus haut niveau. Elle le représentait debout, bras croisés et fut détruite en 1983 par une bombe (nous en parlons plus bas).

Une affaire d'hommes

L'expédition coloniale est une affaire d'hommes. La pénétration d'une Afrique féminisée est inévitablement genrée. Ce sont des hommes qui *l'ouvrent* à l'occupation. Seuls les officiers blancs ont droit à un nom, et si le monument ajoute qu'il est dédié *« à ses (sic) cent cinquante tirailleurs sénégalais »*, ces derniers n'ont pas de noms. Ni sur le monument, ni dans les récits. On ne saura jamais d'où ils venaient, ce qu'ils devinrent après l'expédition, ni quel était le nom de celui dont un récit note en passant, qu'il perdit la vie en se noyant[65]. Ceux que nous voyons sur les photos prises pendant l'expédition, ou sur celles qui accompagnent le retour glorieux de Marchand en France, ne sont que des figurants. Dans les défilés à Toulon et dans d'autres villes que traverse Marchand en route vers les honneurs nationaux qui l'attendent dans la capitale, les tirailleurs ajoutent, par leur présence, une touche exotique, prouvant que des Africains participent à l'expansion coloniale et sont de bons soldats. Le soldat « Banania » n'est pas loin. Quant aux porteurs, ils n'existent qu'à travers quatre silhouettes, et se distinguent des officiers et des tirailleurs par le fait qu'ils sont à moitié nus. Ils n'ont évidemment pas de noms. Ils sont des piroguiers et des serviteurs.

65. Fait rapporté par Jules Emily, *La mission Marchand, journal de route*, Le Tour du monde, 23 juin 1912, et reproduction chez Hachette, 1971.

C'est un monde vide que traverse la mission, en contraste avec le monde plein de la façade de 1931. Exploration et armée réveillent des mondes qui ne seraient ni cultivés ni bâtis, et auxquels la colonisation apporterait la vie. Mais c'est parce que des Africainxes portent, pagaient, reçoivent, indiquent le chemin, cultivent, c'est parce que les milliers de kilomètres parcourus ne sont pas vides mais remplis de villages, de villes, et de champs cultivés, que les Français survivent. Il ne sera pas question des Africainxes qui ont rendu possible cette expédition soit sous la contrainte, soit en agissant par humanité. Aucune dépendance à l'habitantxe ne doit apparaître. Les Français créent un récit où leur survie doit tout à leur courage, à leur fortitude et rien aux populations locales. Or, ils n'auraient jamais fait plus d'un kilomètre sans elles.

De femmes, point

L'expédition est un espace viril. Peu de femmes européennes organisaient des expéditions mais surtout la masculinité coloniale européenne se construit sur les récits de bravoure contre des personnes qui méritent à peine l'appellation d'êtres humains. Les expéditeurs défient tous les dangers : cannibalisme, nature hostile, maladies tropicales, barbarie, fourberie des indigènes. Leur masculinité est ainsi l'envers des masculinités africaines. L'expédition Marchand, comme d'autres, a pourtant besoin des femmes car elle repose en partie sur le travail des Africaines qui cultivent, portent et commercent. Dans les récits des membres de l'expédition, nous sommes frappéëes par la description raciste et sexuée des femmes noires, dont le corps déclenche beaucoup plus de jugements violents que celui des hommes. Cette construction d'une féminité racisée a durablement imprimé les mentalités françaises.

La force dicte le droit

Au moment où l'expédition Congo-Nil s'organise, la France s'est déjà introduite en Afrique. *« Entre 1819 et 1880, la France avait déjà conclu pas moins de cent dix huit traités avec des puissances africaines »*, écrit Gilles Manceron, prouvant l'intérêt français dans la course à la colonisation du continent[66]. La conférence de Berlin en 1885, lors de laquelle des États européens se partagent l'Afrique, traçant à leur guise des frontières et nommant pays et peuples, marque un tournant. Il est important de rappeler plusieurs des éléments qui contribuent à la colonisation et au rôle que vont jouer les missions dites d'exploration, dont l'un des principaux est la mise en place d'une doctrine de la propriété qui vise à déposséder des peuples et des états de leur souveraineté. Gilles Manceron rapporte que dans la *Revue de droit international* (1886), Frédéric de Martens, l'un des juristes français les plus reconnus de l'époque, définit un droit d'occupation sur *« des terres qui n'appartiennent à personne et [qui sont] habitées par des tribus barbares »*, en précisant que *« le droit international européen n'est point applicable aux relations d'une puissance civilisée avec une nation à demi-sauvage. [...] Le droit international n'est pas applicable à tout le genre humain[67]. »* On ne saurait être plus claire. Il n'y a pas d'universalité du genre humain.

Pour Martens, ce droit légitime le recours à la force car : *« La force palpable et impérieuse peut*

66. Gilles Manceron, op. cit, p. 11.
67. Frédéric de Martens, *Traité de droit international*, 1886, t.1, p. 464, cité par Gilles Manceron, op. cit., p. 147.

seule les forcer à céder devant le droit d'autrui et à s'incliner devant la nécessité absolue.» De plus, grâce au *«fait seul de la possession non contestée d'un territoire, chaque puissance a un droit de préférence pour acquérir la possession de l'arrière-contrée, correspondante à ce territoire*[68]*.»* À cette doctrine, un autre juriste français, le professeur Le Fur, ajoute le concept de *«territoires sans maître»*, qui désigne non pas des territoires inhabités mais des territoires sans organisation sociale similaire à celles de l'Occident et sans la conception que celui-ci donne à «maître» ou royaumes, toute autre forme d'organisation sociale et politique africaine étant perçue comme nulle et non advenue[69]. Il découle de tout cela que les *«tribus autochtones»* qui signent des traités en tant qu'États, n'ont en fait que le droit de *«consentir à l'abandon total ou partiel de leur souveraineté»*. Autrement dit, la force dicte le droit.

Une fièvre s'empare des États européens et c'est à qui mettra la main le plus rapidement possible sur de larges territoires. Les rivalités s'amplifient entre l'Angleterre, la France, l'Allemagne et la Belgique. Menées par des officiers qui se font photographes ou ethnologues, les expéditions armées dressent des cartes destinées à faciliter l'avancée des armées coloniales. Leurs récits contribuent à une nomenclature raciale des habitantxes qui va servir à l'administration coloniale. Des Africainxes n'hésitent cependant pas à les attaquer, comprenant que ces missions visent non seulement à imposer le monopole sur les routes de commerce

68. Raymond Teisseire, *Marchand et Fachoda*, conférence du 26 octobre 1898, Barlatier, 1898, p.17.
69. Luis Le Fur, *Précis de droit international public*, Dalloz, 1936, cité par Manceron, 2003, p. 147.

et de circulation, mais aussi à ouvrir la voie à la colonisation.

Asservir pour « libérer »

En Afrique subsaharienne, la politique française d'expansion impérialiste, engagée dès le second Empire, s'amplifie sous la IIIe République. Sont conquis le Congo (1880), Djibouti et la côte somalienne (1888), la Guinée et le Soudan (1891), la Côte d'Ivoire et le Dahomey (1893). À partir de 1875, Savorgnan de Brazza explore, pour le compte de la France, la région du Congo. Il écrit : *« Les peuples Africains restant dans la barbarie... chaque tribu vivant à l'écart de sa voisine et pour laquelle elle est toujours une voisine incommode quand elle n'est pas un ennemi dangereux et que dans la tribu, les hommes, asservis à un potentat qui d'un geste fait tomber les têtes, n'ont aucune idée de la liberté, de la dignité humaine, ne songeant qu'à satisfaire leurs appétits et n'ayant point d'autre idéal*[70]. » Le but des colonisateurs est de : *« libérer ces peuples, les arracher à la servitude, et les donner à la France. Avec comme promesse que la France, nation juste et libérale, ne les soumettrait à aucun joug*[71]. »

Dans cette période coloniale post-esclavagiste, défendre la conquête coloniale au nom de l'anti-esclavagisme est une constante. La France répu-

70. En France, Savorgnan de Brazza fut fêté en héros, présenté comme « l'ami des Noirs », le « libérateur des esclaves » et un explorateur de légende mais son rapport, pourtant timide, dénonçant des aspects de la colonisation ne fut jamais publié. Félicien Challaye, qui le connut, publia *Souvenirs sur la colonisation*, 1re édition en 1935, réédité par Les nuits rouges, 2003, dans lequel il dresse le tableau des crimes du colonialisme ordinaire et du travail forcé. Lire Henri Vast, « Savorgnan de Brazza (1852-1905) », in *La revue pédagogique*, tome 47, Juillet-Décembre 1905, pp. 426-447.
71. Cité par Yvon Mougani dans son article, « Mabiala Ma Nganga », *Kavol Infos* [en ligne], 19 décembre 2012.

blicaine, qui a promptement dissimulé les siècles d'esclavagisme de ses manuels, se fait – comme d'autres puissances coloniales européennes – le chantre de la libération des peuples non-européens de la servitude[72]. L'Afrique est présentée comme *« un champ de bataille où la civilisation lutte corps à corps avec la Barbarie*[73] *»*. La colonisation devient un devoir et la conviction que la France républicaine sauve des peuples d'un destin funeste devient bientôt sens commun.

La trajectoire de Jean-Baptiste Marchand

Jean-Baptiste Marchand n'est pas un novice du monde colonial/racial. Il appartient à cette génération d'officiers qui ne sont pas issus de l'aristocratie et sont par conséquent encouragés par la République à s'engager et à se distinguer dans la conquête coloniale. Officier des tirailleurs sénégalais dès 1887, Marchand a fait partie de la première campagne de pénétration coloniale du Soudan (actuel Mali, 1889). Il a mené la guerre aux grands Ahmadou Tall (dans l'actuel Mali) et Samori Touré (dans l'actuelle Guinée) qui, pendant des décennies, ont tenu tête aux armées coloniales. Il a participé à la prise de Koundian en 1899 (Mali), où il est blessé et pour laquelle il reçoit la Légion d'Honneur. Il contribue, en mars 1891, à la conquête de Ségou et en 1890, à celle de la ville de Nioro (nord du Mali). Lieutenant-colonel en 1900, il se joint à la répression contre les Boxers en Chine. Il abandonne l'armée en 1904, mais reprend du service en 1914 et finit général de division. Il meurt en 1934.

72. Françoise Vergès, *Abolir l'esclavage : une utopie coloniale entreprise. Les ambiguïtés d'une politique humanitaire*, Albin Michel, 2001.
73. Gabriel Galland, *Une poignée de héros*, Eugène Ardant, 1900, p. 12.

Quand la France décide en 1896 d'envoyer une mission d'exploration militaire entre le Congo et le Nil, Jean-Baptiste Marchand se porte volontaire. Il arrive à Fachoda le 10 juillet 1898, après une marche de 6 000 kilomètres. Nommé commandant, il est sommé par le ministre des Colonies de quitter Fachoda, que les Anglais convoitent, mais reçoit l'autorisation de continuer sa route vers Djibouti. Le 16 mai 1899, la « Mission Congo-Nil », devenue la « Mission Marchand », atteint l'océan Indien, réalisant ainsi la traversée Ouest-Est du continent africain.

Malgré l'épisode de Fachoda, son retour en France est un triomphe et sa mission, selon un site militaire, *« trace l'une des plus belles épopées de la conquête coloniale*[74] *»*. Le 14 juillet 1899, à Longchamp, les officiers de l'expédition défilent acclamés par la foule. Couverts d'honneurs, tous poursuivront une carrière coloniale, dont Charles Mangin, futur fondateur et théoricien de la « Force noire[75] ».

74. Voir le site http://www.military-photos.com/

75. Charles Mangin publie en 1910 un ouvrage intitulé *La Force noire* (Hachette) où il prône la création de troupes de soldats coloniaux qu'il recrutera dans les colonies. Ces troupes sont envoyées pour participer à des campagnes de répression dans les colonies et seront mobilisées lors de la Première guerre mondiale. Le député Blaise Diagne accusera alors Mangin d'avoir mené les troupes noires à « un véritable massacre », « sans utilité ». Voir Charles Michel, « La Force noire et la chair à canon. Diagne contre Mangin, 1917-1925 », in *Les Troupes coloniales et la Grande Guerre*, Centre d'Études et de Recherche en Histoire Culturelle (CERHIC) de l'Université de Reims Champagne-Ardenne ; Antoine Champeaux et Éric Deroo, « La force noire : « nos enfants, nos frères » », *Inflexions*, vol. 34, no. 1, 2017, pp.119-128.

10 tonnes dont : du Bordeaux, du champagne, du foie gras, de la choucroute, des truffes et des tripes à la mode de Caen

Toutes les expéditions à travers le continent africain requièrent des porteürs, de préférence des hommes, mais au besoin des femmes y sont parfois contraintes[76]. D'une part, parce qu'il est inconcevable que des hommes blancs se présentent portant des charges devant des Noirxes, d'autre part, parce que le recrutement par le travail forcé est une norme à la colonie. Parmi les porteürs, les décès sont très élevés. Près de 20 % d'entre elleux périssent en saison sèche, tandis que la saison humide emporte environ 40 % de ces effectifs[77]. Le poids habituel des charges posées sur la tête d'unx porteür est de 30 kg. Iellx doivent se nourrir elleux-mêmes et sont payéëes en nature.

La mission Marchand transporte 90 tonnes de paquetages dont 1 300 litres de Bordeaux, du champagne, du foie gras, de la choucroute, des truffes, des tripes à la mode de Caen, du cognac, du Pernod[78]. Marchand apporte aussi, comme monnaie de passage, des objets *« en vue d'aider à la conclusion de traités d'amitié »* dont la liste donne une idée de la manière dont les Français conçoivent ce qui fonde un traité d'amitié avec les Africainxes. Grâce à des récits de l'époque, dans lesquels les auteurs ne s'embarrassent pas à travestir la profondeur de leur mépris pour les Africainxes, nous pouvons observer leur racisme et leur cynisme. Sont évoqués par exemple des objets qui brillent, car *« pour les*

76. Comme l'atteste la lettre d'un officier de la Mission Marchand, reproduite plus loin.
77. Marc Michel, « Autour de la Mission Marchand : le rappel de Brazza en 1897 », in *Cahiers d'études africaines*, vol. 7, n°25, 1967. pp.152-185.
78. Nicolas de Pellinec, « Expéditions en Afrique », *Timbres magazine*, Octobre 2005.

Noirs, tout ce qui brille est d'or », des petits miroirs *« de valeur insignifiante et d'un prix inestimable pour les indigènes »*, des couteaux, des barrettes d'étain et de cuivre, du plomb, de la poudre, des ciseaux, des aiguilles, des pierres à fusil, des cauris, de vieux fusils, des étoffes, cotonnades et indiennes, *« les plus mauvaises eaux-de-vie allemande »* et un *« rhum que l'on obtient en mettant un peu de caramel dans de l'alcool à bas prix »*, de vieux casques de pompiers, des haut de formes usés, de *« vieux manteaux et oripeaux qui ont traîné sur les planches des plus infimes théâtres*[79] *»*. Déverser sur le continent africain le surplus fatigué des produits français, voilà une pratique qui dure.

3 000 Africainxes portent ces 90 tonnes sur près de 6 000 km. Outre ces porteürs, des officiers qui accompagnent Marchand font état dans leurs récits de 72 pirogues et de 1 200 pagayeürs. La mission Marchand n'existerait évidemment pas sans ces milliers de personnes pour la servir. Pourtant, leur trace est irrémédiablement perdue. Leur présence effacée. Leurs voix disparues.

« Les indigènes ne s'inclinent que devant la force[80] »

Tout au long des milliers de kilomètres parcourus, des Africainxes sont recrutéëes de force pour porter ces charges de 30 kg chacune. Lorsque le fleuve n'est pas navigable, iellx doivent en outre transporter le bateau à vapeur de la mission Marchand – *le Faidherbe* – et sa chaudière, qui pèsent deux tonnes. Les pièces sont démontées et charriées par les porteürs, qui s'occupent alors d'ouvrir une route de cinq mètres de large à la hache, à la serpe et à l'ex-

79. Gabriel Galland, op.cit., pp. 48, 49 et 50.
80. Gabriel Galland, op.cit., p. 88.

plosif. Selon l'état de la route, iellx portent ensuite à plusieurs pendant des centaines de kilomètres ces éléments très lourds, ou bien les font rouler sur des billes de bois. Ce sont ces mêmes personnes qui abattent et débitent quotidiennement le bois que les chaudières du bateau exigent.

Les milliers d'Africainxes porteürs, piroguïers, pagayeürs sont, comme les femmes, hommes et enfants enrôléëes à d'autres tâches (travail sexuel, cuisine, service), à peine évoquéëes dans les récits des explorateurs. Nous n'avons aucune idée du nombre total d'Africainxes affectéëes par cette traversée, ni de leur taux de mortalité. Dans leurs récits, les Français de l'expédition évoquent le froid, la pluie, la chaleur, la faim ou la maladie, et n'accordent pratiquement aucune ligne aux milliers d'êtres humains qu'ils ont entraînés dans leur expédition, si ce n'est pour se plaindre de leur paresse, de leur refus d'obéir, ou de leur incompétence. Les vies noires ne comptent pas. Quelques témoignages révèlent cependant, tout en les normalisant, la violence et la brutalité qui président aux enrôlements forcés et au travail de portage. Tout au plus apprenons-nous que : *« La moitié des pagayeurs est malade »*. Ils ont des *« plaies aux mains et aux jambes, plaies amenées par les abatis d'arbres et de branches coupées*[81]*. »*

Un des officiers décrit l'ordre *« de fusiller le premier qui tenterait de fuir*[82] *»* comme un fait sans importance. Un autre, la nécessité d'envoyer des ti-

81. Cité dans le dossier thématique « La Mission Marchand », Archives nationales d'outre-mer (ANOM), http://www.archivesnationales.culture.gouv.fr/anom/fr/. Dans ces archives, une photo prise par l'officier Alfred Dyé qui conduisait le Faidherbe montre tout l'équipage autour de lui et indique les noms de chacun. C'est la seule image donnant les noms des Africains qui y figurent que j'ai trouvée.
82. Paul d'Ivoi, *La mission Marchand Congo-Nil*, Fayard, 1899, p. 74.

railleurs dans les villages qui refusent de fournir des porteürs, ou de menacer le chef de représailles, de les battre ou de prendre en otage des habitantxes du village. Tout cela, toujours en passant, toujours comme un détail, voire comme une corvée pénible à laquelle les obligent les Africainxes[83]. Un officier de la mission écrit : *« C'est par la force, ou plutôt par la terreur que nous leur inspirons qu'on vient à bout de nouer ces relations »*. Il poursuit : *« Ainsi, c'est toujours la même histoire : les naturels nous refusent des vivres ; on empoigne le chef et on le garrotte ni plus ni moins jusqu'à ce qu'il nous ait donné satisfaction ; au besoin s'il résiste trop, on le roue de coups[84]. »*

« Chers parents... »

Le témoignage le plus détaillé se trouve dans une lettre adressée par un officier à ses *« Chers parents »*, dont le ton ne permet aucune ambiguïté quant à la banalisation du meurtre lors de ces expéditions coloniales.
[N.B., le texte qui suit décrit des meurtres et comporte des propos déshumanisants, N.D.E.]

83. Charles Castellani, op.cit., p. 180.
84. Charles Castellani, op.cit., p. 104.
85. Reproduite par Albert Baratier, op. cit., pp. 428-429.

Un des officiers, Charles Castellani, exprime pour sa part le profond racisme qui justifie la domination coloniale. [N.B., le paragraphe qui suit comporte des propos déshumanisants et décrit des viols pédophiles, N.D.E.] Les Africainxes sont des *« grands enfants »*, qui *« paraissent surtout posséder une insouciance parfaite »* et sont *« tellement inférieurs, intellectuellement parlants, qu'ils ne comptent que comme masse*[86] *»*. En fait, ils ne sont pas inférieurs, précise-t-il, mais en retard[87]. Un récit fait état de jeunes pubères appelées *« femme calebasse »*, vendues pour quelques centimes aux blancs pour qu'ils *« percent la calebasse »*, c'est-à-dire, les violent[88]. Mais ces crimes sont tellement banalisés qu'ils sont, dans les récits, à peine signalés.

Une route de sang et de meurtres

Alors qu'il est en route, Marchand est confronté à l'insurrection conduite, depuis 1892, par Mabiala Mâ Nganga, chef de la tribu Bassoundi basé à Balimonéké (Congo). Redoutable stratège, il a pris la tête d'un soulèvement qui s'est bientôt étendu à toute la région et rassemble Okongo, Kougnis, Kambu et Beembé. Quatre ans plus tard, en 1896, il résiste toujours. Les Français, qui ont déjà du affronter les troupes très organisées et très disciplinées de Samori Touré et de Mamadou Lamine Drame[89], et qui n'ont cessé de trahir les traités qu'ils ont si-

86. Charles Castellani, op. cit, p. 15.
87. Charles Castellani, op. cit, p. 16 et p. 32.
88. Olivier Favier (op. cit.) fait remarquer qu'on trouve peu de « commentaires sur les nombreux témoignages d'actes sexuels avec des « petites filles », dont une « est offerte » (à Moïse Landeroin) « par le Capitaine Marchand lui-même ». Le viol est un droit que s'arrogent les colons en toute impunité et la pédophilie une pratique bien plus courante qu'on ose le penser.
89. Voir M'Baye Gueye, op.cit.

gnés avec les chefs africains, sont déterminés à écraser toute résistance dans le sang.

Marchand demande à Savorgnan de Brazza de déclarer un état de guerre dans la région et de lui accorder les pleins pouvoirs civils et militaires. Après les avoir reçus (le 18 août 1896), il déclenche une répression féroce à Comba au prétexte de la mort d'un administrateur qui y était en poste. *« Il s'agit »*, écrit-il, *« de montrer à tous ces gens-là que c'est fini d'en rire*[90]*. »* Pratiquant une politique de la terre brûlée, il encourage pillages, viols, et incendies de villages. « [La] *destruction de leurs villages est le seul acte d'autorité devant lequel ils s'inclinent »*, c'est une *« nécessité de la lutte avec les noirs*[91] *»*. Le chef insurgé Mabiala Mâ Nkinké est lâchement assassiné le 17 septembre 1896 alors qu'il venait négocier la libération de sa famille, prise en otage le 10 septembre, après le pillage et l'incendie de Balimonéké par le Commandant Baratier, un des officiers de Marchand.

Pour contraindre les locaux à la trahison et traquer les chefs Bassoundi, Marchand et son régiment ont recours aux rapts et aux incendies. Après avoir tué Mabiala Mâ Nkinké, Marchand dirige l'attaque contre l'oncle de ce dernier, Mabiala Mâ Nganga qui, trahi, s'est réfugié dans une grotte mais refuse de capituler et résiste farouchement. Marchand fait alors placer des charges d'explosifs devant la grotte puis [N.B., la suite du paragraphe décrit des meurtres, N.D.E] *« allumer des bottes de paille qu'on poussa avec des fourches et un enfumement en règle commença [...], [on vit] dans une espèce de couloir, des cadavres entassés*[92]*. » « C'est une gerbe*

90. Gabriel Galland, op.cit., p. 94.
91. Paul d'Ivoi, 1899, op. cit., p. 104.
92. Albert Baratier, p. 15.

de flammes, une mitraille de roches pulvérisées », écrit Baratier[93]. Cette technique de l'enfumade, qui consiste donc à faire brûler du bois à l'entrée de cavernes où se sont réfugiéëes des civilx ou des insurgéëes a pour but de provoquer leur étouffement jusqu'à la mort. Largement utilisée par les armées françaises au cours des guerres coloniales, elle sera encore utilisée au Vietnam et en Algérie pendant les guerres d'indépendance. Tuer en asphyxiant, en empêchant de respirer est donc une technique dont l'histoire coloniale et raciale se poursuit au XXe siècle, qu'elle soit utilisée par la police avec la technique d'étranglement ou en répandant à profusion des gaz qui asphyxient et coupent la respiration.

À la suite de la politique de terreur et de terre brûlée menée par Marchand, *« la révolte est décapitée. Des colonnes sont lancées dans toutes les directions. Les villages se soumettent ou sont détruits*[94]. » Les officiers et leurs soldats laissent derrière eux *« des hommes apeurés [...], assistant à la ruine de leurs demeures*[95]. » [N.B., ce qui suit décrit des actes particulièrement violents, N.D.E] Le 23 octobre au matin, asphyxié et enseveli sous les gravats, Mabiala Mâ Nganga meurt avec sa famille et les guerriers qui combattent à ses côtés. L'officier Castellani écrit : *« On lui tranche la tête pour la montrer dans les villages*[96]. »

Marchand ayant démontré sa capacité à massacrer et à tuer civilx et résistantxes, peut désormais devenir un héros colonial français.

93. Ibid, p. 15.
94. Ibid.
95. Ibid, p. 104.
96. Charles Castellani, *Vers le Nil avec la mission Marchand*, Flammarion, 1897, pp. 152 et 154.

L'histoire de la construction du monument Marchand est instructive à plus d'un titre, l'élément le plus éclairant étant que le monument à sa gloire est inauguré le 1er juillet 1949. Que s'est-il passé pendant les quinze ans qui séparent la mort de Marchand le 13 janvier 1934 et la cérémonie que lui offre en fanfare la IVe République ? Tout simplement : la Seconde guerre mondiale. Soit une lutte planétaire contre le Nazisme et le fascisme, contre une offensive colonisatrice, raciste et antisémite qui conduisit au génocide de millions de Juifves en Europe, de Rroms et de détenües, qui ravaga l'Europe et des pays du Sud, entraîna massacres, famines, exil, ruines et déportation. Une lutte à laquelle participent de nombreüses colonisééës. En parallèle, des luttes se poursuivent partout dans le monde contre les empires coloniaux européens. Des voix se font entendre, dénonçant la mission civilisatrice, la domination et la suprématie blanche. C'est cet écart entre réalité conflictuelle et fantasme de puissance, qui, de manière encore plus prononcée qu'en 1931, nous permet de saisir l'ampleur du déni français et l'égarement d'un État qui va choisir de mener des guerres cruelles et dévastatrices contre des peuples plutôt que de renoncer à son empire colonial.

Il faut revenir sur le processus qui mène à l'installation en juillet 1949 de ce monument Marchand pour mieux saisir son incongruité. Fin 1934, un Comité national est créé pour que soit érigé un monument à la gloire de Marchand. Présidé par Gabriel Hanotaux, de l'Académie française, et ancien ministre des Affaires étrangères, les membres de ce comité, dont le maréchal Pétain, sont tous liés à la colonisation. Dans son appel, le comité déclare : *« Parmi les fils valeureux qui ont combattu pour l'une et l'autre cause (empire colonial et reconquête des "provinces perdues"), un homme vient de disparaître, c'est Marchand ! [...] Nous ne laissons pas une telle mémoire s'estomper dans l'oubli. Il faut qu'un monument perpétue le nom du "Héros de Fachoda", du "Commandant" de légende qui, traversant l'Afrique entière, de l'Atlantique à la mer Rouge, s'en fut planter sur les rives du Nil le drapeau de son pays*[97]. » Une souscription est lancée et le sculpteur choisi, Léon-Georges Baudry (1898-1978), entame son travail. Le comité souhaite que l'inauguration ait lieu pour le trente-huitième anniversaire de l'arrivée du colonel Marchand à Fachoda, le 10 juillet 1936, et exige que l'édifice soit placé face au Musée des colonies, où est déjà érigé le monument *« Aux gloires coloniales*[98] ». En décembre 1934, le conseil municipal du 12e arrondissement, dont dépend l'en-

97. *La Chronique coloniale*, Organe de l'Institut colonial français, no. 124, 30 décembre 1934, p.353, journal dont le titre est entouré de ces deux phrases : « La FRANCE chez elle aux COLONIES », « Les COLONIES chez elles en FRANCE » (en capitales dans le texte).

98. Le 15 juin 1909, le journal *La Dépêche Coloniale Illustrée* lance l'idée d'édifier, à Paris, un monument à la gloire de l'expansion coloniale française. Jean-Baptiste Belloc, sculpteur officiel du ministère des colonies, soutenu par Eugène Etienne, député d'Oran et chef de file du parti colonial, s'investit et propose des sculptures figuratives représentant la France et des colonies d'outre-mer. Le projet suscite peu d'engouement. En 1913, Jean-Baptiste Belloc propose 3 sculptures fortement marquées par la représentation raciste et genrée coloniale, soit un Arabe enturbanné, un Africain torse nu et une Asiatique. Ces statues devaient être installées sur l'avenue de Rapp dans le 7e arrondissement, mais seront finalement érigées dans le Jardin Colonial au Bois de Vincennes, avant d'être déplacées, en 1922, Porte Dorée en vue de l'Exposition coloniale de 1931. En 1938, elles sont transférées sur l'esplanade du Château de Vincennes et dispersées dans tout le parc. On peut les voir aujourd'hui en bordure du chemin, après l'entrée du jardin et avant la « Porte chinoise », présentées en arc de cercle, autour d'une statue de la République Française avec un coq gaulois.

droit, approuve cet emplacement (la République déplace, donc !), car le monument *« convient au projet de réaménagement de la porte Dorée, de style colonial*[99]*. »* Un « style colonial » qui va conduire à la création du triangle de la Porte Dorée. En 1937, la mairie du 12e vote le déplacement du monument *« Aux gloires coloniales »*, désormais dispersé dans le parc de Vincennes. Tout est donc prêt, en 1938, pour l'installation prochaine du monument mais le processus est interrompu par la guerre qui éclate[XXXI]. En 1946, le comité relance la pétition pour que le monument soit terminé mais l'argent manque. En 1947, la Ville de Paris accepte de payer le sculpteur pour reprendre son travail mais aussi de financer la mise en place du monument.

L'inauguration a finalement lieu le 1er juillet 1949, au cours d'une belle journée d'été, comme le montre un reportage de British Pathé. On y voit des femmes élégantes, des généraux, des hommes politiques, des soldats coloniaux, des soldats, et le dernier survivant de la mission, Émile Landeroin. Se voulant majestueuse et éblouissante, la République conçoit pour la cérémonie une mise en scène qui magnifie l'expédition armée de 1896. Le journal *Le Monde* la décrit ainsi : *« Dès 10 h. 30 une compagnie de marsouins, des délégations de toutes les grandes écoles, parmi lesquelles quatre saint-cyriens à casoar, encadraient le monument et l'on remarquait, parmi les personnalités, MM. Édouard Herriot, Monnerville, Ramadier*[100] *»*, autrement dit les plus hautes autorités de l'État. Herriot est président de l'Assemblée nationale, Monnerville président du Conseil de la République et sénateur de la Guyane et Ramadier,

99. Source : anosgrandshommes.musee-orsay.fr/
100. *Le Monde*, 1er juillet 1949, « Un Monument au général Marchand et aux hommes de la mission Congo-Nil » ; Olivier Favier, op. cit.

ministre de la défense. Émile Landeroin dévoile la statue de Marchand, haute de plusieurs mètres, qui le représente debout, les bras croisés et le regard fixé sur l'horizon. Défilé de troupes, fanfares, soldats coloniaux au garde à vous, dépôt de fleurs et discours complètent une inauguration imaginée dans ses moindres détails par la IVe République[101].

Ce que la cérémonie révèle, c'est aussi un aveuglement têtu de l'État, qui célèbre toujours sans honte et sans retenue la colonisation armée alors que dans les colonies les peuples se soulèvent, que partout dans le monde le racisme est condamné (condamnation morale certes mais cependant) et le droit à l'autodétermination des peuples, réaffirmé. Ce monument, en totale contradiction avec les mouvements qui, dans les colonies mais aussi en Europe, aspirent à plus de justice, d'égalité et de dignité, symbolise parfaitement un des ressorts de la colonisation : nourrir un sentiment de supériorité en exagérant sa puissance. Le virilisme du monument est à l'image de ce besoin de compensation.

Thiaroye, un massacre colonial

[N.B., le paragraphe qui suit décrit un massacre, N.D.E]
Ce que cette inauguration du 1er juillet 1949 masque en réalité, c'est un des premiers grands crimes coloniaux de l'après-guerre, et dont l'État français est responsable. En novembre 1944, des tirailleurs sénégalais réunis au Camp de transit de Thiaroye, à 15 km de Dakar, au Sénégal, sont massacrés[XXXII]. Ce sont 1 600 tirailleurs sénégalais ayant combattu les armées nazies, qui sont rassemblés dans ce camp, avant leur démobilisation. Déjà privés de défiler sur l'avenue des Champs-Elysées à la Libération, parce

101. Voir le film réalisé par la BBC en ligne sur British-Pathé.

que Noirs et soumis à diverses vexations et injustices, ils apprennent que le montant des indemnités qui doit leur être payé (arriérés de solde, pécule, prime de démobilisation) sera divisé par deux. Le général Dagnan, venu imposer ces décisions, est brièvement séquestré, puis libéré. En réponse, ordre est donné d'attaquer le Camp de Thiaroye à l'artillerie lourde, en pleine nuit, le 1er décembre 1944. L'état parlera de 35 morts, mais plus de 300 morts auraient été ensevelis dans une fosse commune. Dagnan écrit dans son rapport : *« Ma conviction était formelle : tout le détachement était en état de rébellion. Il était nécessaire de rétablir la discipline et l'obéissance par d'autres moyens que les discours et la persuasion. Tout est rentré tragiquement dans l'ordre. »* Pour le lieutenant-colonel Le Berre, il s'agit d'une simple *« opération de maintien de l'ordre »*. 34 tirailleurs, considérés comme les meneurs de cette *« mutinerie »*, seront condamnés, les 5 et 6 mars 1945, à de lourdes peines par la justice militaire. Lamine Guèye, l'avocat des tirailleurs sénégalais, présente ainsi les faits : *« Des hommes qui avaient combattu pour la France, avaient été prisonniers en France, avaient par miracle échappé à la mort. Quand ils sont revenus sur le sol natal, au moment de revoir leur foyer et leur famille, ils ont été tués par des balles françaises, pour une misérable question de sous »*. Dans une lettre adressée à Gaston Monnerville le 7 décembre 1944, il écrit encore : *« C'est une question d'argent qui a amené des militaires à abattre à coups de mitraillette des Tirailleurs sénégalais. »* Monnerville réclame en vain une enquête parlementaire. Quarante-trois ans plus tard, en 1987, le cinéaste sénégalais Ousmane Sembene sort son film, *Camp de Thiaroye*, qui expose à toute une génération l'existence de ce crime.

Aussitôt interdit en France, le film n'obtient pas de visa d'exploitation pendant les trois années suivantes. En 1987, le pouvoir veut donc toujours maintenir le silence sur l'un de ses crimes.

Ce massacre par l'armée française au lendemain de la fin d'une guerre de conquête qui avait eu pour fondation la colonisation raciale de terres et le génocide, qui avait ajouté au vieux fond antisémite des méthodes développées aux colonies, annonçait le refus obstiné de la France d'entendre les demandes de liberté et d'égalité. Quatre ans après le massacre de Thiaroye, l'homme qui avait dirigé une expédition coloniale dévastatrice en Afrique et qui avait été officier de tirailleurs, était mis à l'honneur. Dans un même geste, son nom effaçait non seulement celui des milliers d'Africainxes enrôléëes de force ou laisséëes pour mortxes pendant son expédition mais aussi ceux des centaines de milliers d'Africainxes, d'Antillaisxes, d'Asiatiques, de colonisééës du Pacifique et de l'Océan indien qui avaient perdu la vie pendant la Seconde guerre mondiale.

Célébrer la colonisation alors que la révolte gronde

Nous l'avons dit, le récit officiel de la colonisation consiste notamment à ignorer les luttes qui la contestent. Pourtant, entre 1944 et 1949, les luttes anticoloniales s'intensifient car, bien que l'État ait dû assouplir son arbitraire, il ne concède pas à la demande de souveraineté. Le régime de l'indigénat est progressivement démantelé à partir de 1944 ; les femmes souhaitant se syndiquer n'ont plus besoin de l'autorisation maritale, à la condition néanmoins qu'elles soient lettrées en français ; le droit de réunion et d'organisation est étendu aux colonies en 1946 ; grâce à la loi Lamine Guèye, l'ensemble des populations colonisées accède à la citoyenneté, mais sans que ce statut ne leur confère le droit de vote [102]. La Martinique, la Guadeloupe, la Guyane, La Réunion sont devenues des départements français. Partis, mouvements et syndicats anticoloniaux se renforcent ou se créent; les femmes constituent leurs propres organisations, créent des liens de colonie à colonie, entrent en grève, rejoignent des partis politiques, écrivent, publient, et voyagent, car la France n'est pas leur seule référence. Elles observent et répercutent les luttes dans d'autres colonies et établissent des solidarités. La France propose la création de l'Union française (une forme de fédération France/ex-colonies mais où la France demeurerait à la direction). Les solidarités de mouvement anticoloniaux à mouvements anticoloniaux se renforcent, donnant lieu à des mobilisations et nouant des alliances avec des mouvements d'extrême-gauche en Europe.

Des foyers de contestation et d'insurrection émergent partout dans l'empire colonial français, annonçant des guerres à venir ou marquant leur commencement. Citons les grandes manifestations anticoloniales à Sétif, Guelma et Kherrata en Algérie en mai 1945. Adultes comme enfants défilent par milliers en chantant l'hymne nationaliste Min djibalina, en brandissant des pancartes sur lesquelles on peut lire : « Vive la démocratie », « Vive l'Algérie », « Libérez Messali », « Vive la charte transatlantique » ou encore « À bas le colonialisme », et en scandant : « Vive la liberté algérienne ! » [N.B., la suite du paragraphe relate des actes particulièrement violents, N.D.E] Mais, l'aviation française bombarde des villages et

102. Emmanuelle Bouilly et Ophélie Rillon. « Relire les décolonisations d'Afrique francophone au prisme du genre », *Le Mouvement Social*, vol. 255, no. 2, 2016, pp. 3-16.

des villes, exécute par centaines des Algériænnes, incendie les mechtas, jettent des cadavres dans les gorges de Kherrata. Des jeunes qui déploient le drapeau algérien sont assassinéëes par la police. Le peuple se défend. L'armée organise des cérémonies de soumission [103] pendant lesquelles les hommes doivent se prosterner devant le drapeau français et s'accuser d'avoir commis un crime en se révoltant contre le colonialisme. La guerre de la France contre les Vietnamiænnes qui ont annoncé leur indépendance en septembre 1945, commence. Elle s'achèvera par la défaite française de Diên Biên Phu en 1954. À Madagascar, l'insurrection anticoloniale de 1947 entraîne aussi une réponse brutale. L'armée française, qui y envoie 30 000 hommes, se montre impitoyable : exécutions sommaires, tortures, regroupements forcés, incendies de villages... Elle y expérimente une terrible technique de guerre « psychologique », qu'elle poursuivra au Vietnam-Laos-Cambodge, en Algérie et au Cameroun : des prisonnierxes sont jetéëes, vivantxes, depuis des avions afin de terroriser les villageoisxes dans les régions d'opération. À ces horreurs, s'ajoutent la pratique de l'enfumade, le regroupement des habitantxes dans des camps, l'organisation de la famine, les tortures, les punitions collectives, les viols. Les chefs militaires de l'insurrection malgache sont traduits devant des cours militaires françaises et des dizaines d'entre eux sont exécutés. En Côte d'Ivoire, l'État français emprisonne les dirigeants du Rassemblement démocratique africain à la suite de manifestations. Des journaux sont censurés, des militantxes emprisonnéëes, torturéëes, exiléëes, assasinéëes et les solidarités s'organisent entre coloniséëes.

103. Comme elle le fera à Madagascar deux ans plus tard.

1949, c'est aussi l'indépendance des Philippines, de l'Inde, de l'Indonésie, du Pakistan et la création de la République populaire de Chine. La résistance à la colonisation de la Palestine et à la création de l'État d'Israël commence. Et, c'est déjà, la « Guerre froide ». Un basculement s'opère, qui va bientôt conduire à une nouvelle cartographie du monde et à de nouvelles étapes de décolonisation.

Mais, en France, les fanfares militaires, les défilés de troupes et les discours de personnalités politiques cherchent à maintenir l'illusion de la grandeur coloniale. Difficile de concevoir un tel égarement, un tel refoulement qu'avec le monument Marchand. Du long processus qui mène à sa réalisation à l'implication de la Ville de Paris ; des réunions nécessaires à la préparation de l'inauguration à sa mise en scène soignée et militaire, de la mobilisation de soldats à la présence des plus hautes autorités de l'État, nous assistons à un moment de surcompensation. Il faut entretenir une illusion, celle de la justesse de la mission civilisatrice française et de la conviction qu'il est légitime de tout faire, d'avoir recours aux mensonges comme aux armes, pour étouffer l'aspiration des peuples à leur indépendance et à leur souveraineté.

Un monument contesté

Le monument Marchand est à plusieurs reprises visé par des contestations car sa présence dans la ville, comme celle de Gallieni, Mangin, Lyautey ou Faidherbe, non seulement ne s'excuse pas, mais constitue une insulte aux principes d'égalité et d'autonomie. Les carrières de ces hommes mettent en lumière le fait qu'il est impossible de coloniser « humainement », que *« de la colonisation à la civilisation, la distance est infinie ; que, de toutes les ex-*

péditions coloniales accumulées, de tous les statuts coloniaux élaborés, de toutes les circulaires ministérielles expédiées, on ne saurait réussir une seule valeur humaine[104]*.* »

Le 21 février 1972, une quinzaine d'ouvriers débarquent Porte Dorée avec des bombes à peintures et inscrivent sur les bas-reliefs du Palais, en lettres d'un mètre de haut : *« À bas l'impérialisme français »*, et sur le monument Marchand : *« Troupes françaises hors du Tchad*[105] *! »*

En 1978, puis en 1982, le monument est couvert de peinture rouge[106].

« La farce est aujourd'hui terminée »

Le 23 juin 1983, l'Alliance Révolutionnaire Caraïbe (ARC), fait sauter au petit matin, outre des bureaux d'Air France à Paris, l'immense statue de Marchand[XXXIII]. Les images des journaux télévisés du 23 juin montrent la statue en plusieurs morceaux au bas du monument[107].

Créée en 1983 pour résister au colonialisme français et libérer les territoires de la Guadeloupe, de la Martinique et de La Réunion, l'ARC écrit dans son communiqué : *« La farce est aujourd'hui terminée, la tragédie commence maintenant pour la France, car sa volonté de domination perpétuelle sur nous portait la marque de l'impossible [...]. Nous aspirons et nous nous battons pour une société nouvelle débarrassée de l'exploitation et du mépris de*

104. Aimé Césaire, *Discours sur le colonialisme*, op.cit., p. 10.
105. Alain Paucard, *Paris est un roman*, L'Âge d'homme, 2005, p. 97.
106. Signalé par Olivier Favier, op. cit., mais je n'ai pas retrouvé d'archives sur ces deux actes.
107. Voir le JT de Soir 3 et d'Antenne 2 midi du 23 juin 1983, consultables sur ina.fr, et *Le Monde* [en ligne], « L'Alliance révolutionnaire caraïbe revendique les attentats commis en Guadeloupe », 18 novembre 1983.

l'homme, où ce dernier pourra s'épanouir librement au sein d'une nation souveraine. Aucun peuple, si petit soit-il, n'est jamais mûr pour la servitude, c'est pour cela que nous reprenons le cri de nos pères nègres marrons : vivre sans la liberté n'est pas vivre. L'indépendance ou la mort !»

En 1985, Luc Reinette, qui fut un des membres fondateurs de l'ARC, maintient l'accusation de colonialisme : *«Cela fait 350 ans que nous sommes sous votre botte. Ce que nous voulons, ce n'est pas la modification de la tutelle, c'est la fin de la tutelle. [...] Tant que le colonialisme ne se sent pas menacé dans ses biens, tant qu'il n'y a pas une opposition concrète, physique et disons militaire au colonialisme, les paroles c'est du vent. C'est par les attentats que l'ARC prétend s'imposer.»*

Le 2 avril 2021, nous avons interviewé Luc Reinette à propos de l'attentat de 1983. Il nous a expliqué qu'au moment de la création de l'ARC à Paris, les militantxes réunïes décidèrent que les membres de chacune de ses branches (en France, en Guadeloupe, en Martinique et en Guyane), choisiraient, en toute liberté et en toute indépendance, leurs cibles. Reinette, qui ne résidait pas à Paris et ne connaît pas les personnes qui firent sauter la statue de Marchand, nous dit : *«Tous les symboles du colonialisme devaient être frappés, du passé comme du présent.»* Certes Marchand n'était pas *«très connu aux Antilles, mais nous considérions que son passage en Afrique avait été déterminant pour le continent.»* En France, *«les camarades de l'ARC qui ont ciblé Marchand étaient totalement informéëes de ce qu'il représentait.»* Dans le combat anti-impérialiste que l'ARC menait, Marchand était une cible justifiée. Aucune des personnes qui fit tomber Marchand ne fut jamais identifiée et jusqu'à aujourd'hui, la statue de Marchand n'a pas été remplacée.

En 2012, l'opposition de droite à la mairie du 12e arrondissement, menée par Valérie Montandon (UMPPA), émet cependant le souhait que la sculpture représentant Marchand soit remise en place. Le maire, Fabrice Moulin (PRG), s'y refuse.

En 2016, le monument est recouvert de graffitis : *« On chie sur votre nostalgie coloniale »*, *« À bas l'état d'urgence*[108]. » Ils sont aussitôt effacés.

En 2019, Décoloniser Les Arts (DLA) déclare : *« Rendons hommage aux Africains et Africaines qui ont croisé la route de cette expédition. »* Marina Monmirel, Jalil Leclaire et Mohamed Guellati, membres de DLA, déclament des poèmes de Léon-Gontran Damas [fig. 33]. Gerty Dambury retrace l'histoire des bas-reliefs du Palais. Françoise Vergès raconte l'expédition Marchand. Le déplacement du monument est discuté avec les personnes présentes qui approuvent à la majorité la nécessité de l'enlever de l'espace public. L'idée d'une plaque explicative ne remporte pas beaucoup de voix et la discussion se poursuit sur ce qu'il faudrait mettre à la place : un autre monument ? Mais, qui dirait quoi ? La question reste ouverte. Café, sucre et tabac sont alors dispersés au pied du monument en l'honneur des vies africaines disparues mais restées anonymes, représentées muettes et passives sous la conduite d'hommes blancs militaires.

En 2020, *« Décolonisons Paris »* est peint sur le bas du monument, rapidement nettoyé par la municipalité.

En 2021, le rafraîchissement du monument s'étend sur plusieurs mois.

108. Signalé par Olivier Favier, op. cit.

ATTENTAT CONTRE LE MONUMENT À LA MISSION MARCHAND

Inauguration : 1 juillet 1949
Emplacement : 1b Avenue Daumesnil, 75012 Paris

Jean-Baptiste Marchand,
Commandant de la Mission Congo-Nil.
Il établit la domination coloniale Française de Loango à Djibouti entre 1896 et 1899.

La statue du commandant Marchand à été détruite à l'explosif le 24 juin 1983 par l'Alliance révolutionnaire Caraïbe. Depuis sa création, le monument est très régulièrement la cible d'attaques symboliques.

3 tirailleurs

3 porteurs

6 colons

ARCHIVE - **Le Petit Journal** - Le 28 mai 1899
Couverture : Des porteurs déplacent un morceau du navire « Le Faidherbe » utilisé par le commandant Marchand.
Page : Le commandant Marchand pose à côté des porteurs qui déplacent le chalan métallique du navire.

Plantes décoratives

Itinéraire

Liste de noms

#Décolonisons !

4

« Ligne bleu clair dans un épisode de commande,
J'ai troué le drapeau de la République »

Simone Yoyotte, *Revue Légitime Défense*, n°1, 1932

Celleux qui veulent faire croire que la disparition de statues et monuments de l'espace public est synonyme d'effacement et de destruction montrent un mépris systématique envers nos arguments, font preuve d'ignorance et déploient à nos yeux une certaine malhonnêteté. Nous le redisons, affirmer que dénoncer la célébration de Napoléon, responsable du rétablissement de l'esclavage des Noirxes (car il s'agissait de Noirxes, pas de tout être humain) serait anachronique signifie que les actions et opinions anti-esclavagistes des Noirxes en 1802 ne comptent pas. Nous opposer que la plupart des statues à Paris ne sont pas celles de militaires ou que ceux-ci, même s'ils furent actifs dans la colonisation, n'étaient pas des colonialistes ou des racistes, montre à quel point l'anticolonialisme et l'antiracisme ne sont pour ces personnes pas des principes, ou des règles de vie. À présent, quels pourraient être les arguments pour maintenir le monument Marchand ?

À travers le monde, les initiatives de libération de l'espace public ne manquent pas. Citons-en quelques-unes, dans une liste loin, très loin d'être exhaustive :

- À New York, *Decolonize This Place* (DTP) publie des manuels et mène des actions, notamment celle d'occuper le Musée américain d'histoire naturelle (AMNH), dont le collectif dénonce le racialisme. DTP a réussi à faire déplacer la statue raciste de Theodore Roosevelt qui trônait sur le parvis du Musée [109] [fig. 34], et a conduit Warren

109. « Beaucoup considèrent la sculpture de James Earle Fraser comme le symbole le plus visible de la suprématie blanche à New York. La statue représente le 26e président américain Theodore Roosevelt à cheval, et debout, de chaque côté, se trouvent deux hommes, un Natif-Américain et l'autre Africain-Américain. Roosevelt est souvent

Kanders, un marchand d'armes, à la démission du Board du musée Whitney en 2019. Pour DTP, la décolonisation est un mouvement transversal qui ne se limite pas au musée, d'où son soutien au mouvement *Boycott, Divestment, Sanctions* (BDS) ;

- *Decolonizing Settler Cities*[110] *: « est une série d'événements organisés en Australie tout au long de l'année 2017, réunissant des militantxes, des universitaires, des communautés et des praticiœnnes autochtones et non-autochtones pour partager leurs questions et leurs critiques, leur expérience et leur connaissance des villes en tant que modes de pouvoir coloniaux, ainsi que les possibilités et les obstacles qu'elles présentent pour la justice foncière autochtone*[111] *» ;*

- Le mouvement de contestation à travers le monde de la célébration de Christophe Colomb, perçu comme central dans la catastrophe coloniale[XXXIV] ;

considéré comme l'un des présidents américains les plus racistes, même s'il est toujours associé dans l'esprit de nombreuses personnes à des idées "progressistes". Selon Alternet, dans une déclaration de 1905, Roosevelt affirmait que "les Caucasiens [étaient] 'la race avancée' destinée à élever 'les races arriérées' [...]." Il a également déclaré des choses très troublantes à propos des natifves, notamment : "Je ne vais pas jusqu'à penser que les seuls bons Indiens sont des Indiens morts, mais je crois que c'est le cas 9 fois sur 10, et je ne voudrais pas m'enquérir de trop près du dixième." », traduction de l'article par Hrag Vartanian, « #DecolonizeThisPlace Demands Removal of Natural History Museum's Roosevelt Statue. », *Hyperallergic* [en ligne], 10 octobre 2016.

110. Les « Settler-colonial cities », ou villes coloniales de peuplement, sont des villes où les populations natives ou indigènes ont été déplacées, dépossédées, et ont donc disparu du processus de développement urbain. (source : https://www.planetizen.com/)

111. Professor Libby Porter, Dr Tod Jones and Dr Shaphan Cox, Professor Cheryl Kickett-Tucker, « Decolonising Settler Cities, Post-Workshop Report », Antipode online, Mai 2018.

- Les mouvements qui, en Belgique, contestent la présence envahissante de Léopold II, connu pour avoir été le seul propriétaire de la colonie du Congo et s'être enrichi grâce à l'exploitation du caoutchouc en mettant en place une politique meurtrière de travail forcé [XXXV]. Des associations organisent des visites décoloniales accompagnées par le « Collectif Mémoire Coloniale et lutte contre les discriminations [XXXVI] » ;

- L'organisation de visites guidées dans plusieurs villes du monde, comme le Paris Noir de Kévi Donat ;

- Des tours pédagogiques décoloniaux de musées en Europe et dans les Amériques [112]. Il s'agit de comprendre collectivement comment le musée neutralise et euphémise les récits et les conflits, mais aussi d'imaginer d'autres manières de les visualiser et de les mettre en scène ;

- La création de musées, de centres culturels et artistiques sur des génocides et des dictatures, développant des pédagogies alternatives antiracistes, antisexistes et décoloniales depuis plusieurs décennies, dont : District Six Museum à Cape Town (Afrique du Sud), Centre for Contemporary Art and the African Artists' Foundation (AAF) à Lagos (Nigeria).

112. Aditya Iyer, « Alternative museum tours explore colonial loot, biased narratives », *Al Jazeera* [en ligne], 16 septembre 2018, sur des visites du Musée maritime de Greenwich ; voir aussi les visites imaginées et organisées par Françoise Vergès, « L'Esclave au Louvre. Une humanité invisible » (2012-2016).

- L'« International Coalition of Sites of Conscience », qui regroupe des sites de conscience, soit *« un lieu de mémoire - tel qu'un site historique, un musée basé sur un endroit ou un mémorial - qui empêche cet effacement afin de garantir un futur plus juste et humain*[113] *»* ;

- La réflexion sur des musées qui ne suivent pas le modèle du musée occidental, engagée depuis plusieurs décennies et qui prend de l'ampleur[XXXVII] ;

- Les initiatives en Europe pour la restitution des objets d'art volés aux pays du Sud global. En Allemagne, « German Lost Art Foundation » a élargi son champ d'étude au-delà des objets volés par les Nazis pour inclure les objets volés pendant l'époque coloniale. En Hollande, le National Museum of World Cultures et le Rijksmuseum ont annoncé la restitution d'objets dans leur importante collection d'objets d'Indonésie et du Sri Lanka ;

- Sur Instagram : histoirescrépues, #Decolonisonsnous, #DecolonialAtlas ;

- Le mouvement #Faidherbedoittomber à Lille et le Collectif sénégalais contre la célébration de Faidherbe.

En France, blogs, podcasts, ateliers en ligne, et hashtags se multiplient, diffusant des récits, rappelant des faits, posant des questions sur la décolonisation des savoirs, dénonçant le harcèlement racial dans les écoles d'art et dans les arts. Ces actions offrent un terrain pour imaginer et développer les actions d'éducation collaborative qui répondent le

113. Source : https://www.sitesofconscience.org/

mieux à nos besoins dans un pays, la France, où les élites politique et médiatique sont particulièrement hostiles à toute analyse du racisme structurel, de la Négrophobie et de l'Islamophobie, où toute analyse sur le racisme dans les arts et la culture est farouchement rejeté et immédiatement assimilé à de la censure.

Décoloniser en actes

Ce qui est évident, c'est que décoloniser le triangle de la Porte Dorée exigera plus qu'une plaque explicative. En septembre 2008, des milliers de travailleürses sans papiers, en grève pour réclamer une régularisation, choisissent d'occuper le rez-de-chaussée du Musée national de l'histoire de l'immigration. Le 7 octobre 2010, une nouvelle occupation est organisée et quelques 500 travailleürses (africainxes, chinoisxes et pakistanaisxes) ainsi que des familles, soutenües par la CGT, par des associations et par des partis politiques de gauche, s'y installent durablement. Demandant la régularisation d'environ 6 000 travailleürses, iellx y restent quatre mois[XXXVIII]. Quatre mois de cohabitation, de discussions, de création d'une communauté vivante de lutte. Le fait que le Musée traite ces occupations successives comme un détail est, à nos yeux, contestable. Cette occupation nous paraît en effet aussi importante que l'histoire des boiseries dans les bureaux des directeurs, laissés intacts depuis 1931. Nous disons même qu'elle est plus importante, car ces personnes, en occupant le lieu qui a fait de leurs ancêtres des êtres sans histoire et sans culture, représentéëes sous forme de corps au travail, leur rendent hommage et leur redonnent présence. Pour ce qui est du monument, nous ne connaissons même pas de manière certaine combien d'Africainxes moururent lors de la mission Marchand, leur mort n'étant pas considérée comme une mort à pleurer, comme la mémoire d'une vie à chérir. Les mots resteront en-deçà d'une réparation, ils seront dérisoires au pied de ce grand monument de pierre.

Nous dire que ces monuments disent « l'Histoire » est donc absurde, car ce n'est que l'histoire d'hommes dont la notoriété repose sur le crime. Ils n'ont rien inventé, rien apporté à l'intérêt général, ne faisant que répandre l'idée d'une supériorité raciale. Une plaque ne suffira pas à exorciser l'odeur du massacre, le cri des enfants et des personnes violées, les pleurs, le bruit de la chicote, les marques de fouet. *« Entre colonisateur et colonisé, il n'y a de place que pour la corvée, l'intimidation, la pression, la police, le vol, le viol, les cultures obligatoires, le mépris, la méfiance, la morgue, la suffisance, la muflerie, des élites décérébrées, des masses avilies. Aucun contact humain, mais des rapports de domination et de soumission qui transforment l'homme colonisateur en pion, en adjudant, en garde-chiourme, en chicote et l'homme indigène en instrument de production »*, a écrit Aimé Césaire [114]. Cette non-relation domine encore, visible dans le racisme structurel, dans les inégalités Nord/Sud et dans l'impérialisme.

La décolonisation ne peut s'arrêter à la dénonciation, elle doit permettre de confronter des présupposés propres à chacünx, de confronter l'idéologie racialiste et coloriste que Frantz Fanon a analysée dans *Peau noire, masques blancs*, et qui n'épargne pas les raciséëes.

114. Aimé Césaire, *Discours sur le colonialisme*, Présence africaine, 1989, p. 19.

Libérer la ville de présences malfaisantes

Pour libérer l'espace de l'aura négative que ces statues et monuments projettent, nous les *défétichisons*, accomplissant un exercice de réparation et d'exorcisme. Rien ne nous interdit de demander que des statues disparaissent de l'espace public, mais nous pouvons aussi imaginer laisser à d'autres la dévotion à ces figures et les détourner. Elles ne nous impressionnent pas. Elles ne sont finalement que de la pierre sculptée, la trace d'une nostalgie coloniale. Ce que nous voulons faire résonner, ce sont les noms des personnes qui ont résisté et résistent à leur soif de pouvoir, à leur avidité, célébrer leur courage et leur détermination, leur vitalité. Nous entendons les noms de Mabiala Mâ Nganga, Mabiala Mâ Nkinké, Lalla Fatma N'Soumer, Samori Touré, Mamadou Lamine Dramé, Ndaté Yalla Mbodj, Mafory Bangoura, et de tant d'autres. Se battre contre l'oubli, contre l'effacement et dans cet exercice d'exorcisme et de célébration, renforcer notre autonomie. La création d'un mémorial ou d'un musée ne doit jamais clore le débat sur les mémoires et les récits à préserver et à transmettre. Toujours se demander au nom de qui et dans quel objectif ? L'histoire figée est le domaine des autocrates. Nous sommes du côté de l'échange et du questionnement.

L'atelier décolonial in situ

La trame d'un *atelier décolonial in situ*, peut être adoptée et adaptée aux besoins, objectifs et désirs de la communauté qui s'en saisit. C'est une expérience collective dont le but est d'enlever à ces monuments leur pouvoir malfaisant, d'en faire des morceaux de pierre ou de bronze qui servent à notre éducation.

Nous étudions le contexte, la trajectoire et l'environnement politique et culturel d'un monument depuis son origine. Comment et pourquoi cet homme est-il devenu un héros français ? Qu'a t'il fait, qu'a t'il accompli pour mériter ce titre ? Où et quand ? Qui a choisi de lui donner cette place dans la ville ? Et pourquoi à cet endroit ? Qui a payé pour la mise en œuvre ? Quand ? Qui est l'artiste ? Pourquoi a t'il été choisi ? Comment genres et racialisation se croisent-elles ? Que voudrions-nous mettre à la place ? Ainsi, l'objet perd de son pouvoir, il n'absorbe plus toute notre énergie.

En entreprenant cette archéologie, nous produisons un récit historique sans craindre de parler des trahisons et des complicités. Ces ateliers ne sont pas des leçons d'histoire au sens scolaire du terme. Nous ne faisons pas un récit rétrospectif, bien au contraire. En montrant comment le consentement s'obtient à la célébration d'esclavagistes et de colonialistes, nous réfléchissons à ce qui se produit de semblable aujourd'hui.

Décoloniser l'espace public, c'est aussi mettre fin au contrôle au faciès, à la fabrication de corps tuables [115], à une architecture hostile et normative.

Pouvoirs de l'imagination

Nous sommes conscientxes de notre propre implication dans le processus de décolonisation. Nous voyons à quel point les structures du racisme oblitèrent la possibilité de vivre autrement, entravent l'imagination, étouffent, coupent les liens, divisent,

115. Le 21 novembre 2020, des policiers s'acharnent, parce qu'il est noir, sur le producteur de musique Michel Zecler, qui reçoit 180 jours d'ITT (incapacité temporaire de travail). Grâce aux vidéos filmées par des voisinxes, ce tabassage est rendu public et la vérité rétablie car les policiers s'apprêtaient à accuser M. Zecler d'outrage à agent après l'avoir mis en garde à vue.

attisent la hargne et la haine. Nous observons avec attention notre environnement et nous ne nous contentons pas de le contester. Nous ne voulons pas non plus obéir à une loi patrimoniale qui fige l'histoire et l'héritage. Nous voulons retracer les cartographies de résistances transnationales et transcontinentales, entendre les récits des communautés en formation, favoriser l'échange et le débat. Nous ne voulons plus de villes ségrégées par la classe, le corps, les genres, les sexualités et la racisation, confinées dans des narratives qui ne reflètent pas la pluralité des vies. Nous ne voulons pas de villes dépossédées de leurs émotions, transformées en décor vide pour la publicité. Nous voulons des villes décolonisées.

Cahier iconographique

5

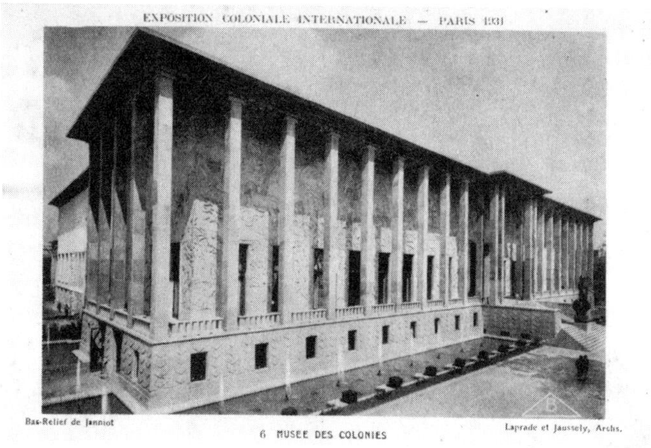

[fig. 01]

01. L'ex-Musée des Colonies, actuel Musée national de l'histoire de l'immigration (MNHI) se situe au 293 Avenue Dausmenil, 75012 Paris. Il a été conçu pour l'Exposition coloniale internationale de 1931 et pensé pour devenir un palais permanent. On aperçoit les bas-reliefs sculptés, que nous étudions ici, recouvrant entièrement la façade du bâtiment. Pour voir de plus près les bas-reliefs, voir pp. 48-55.

[fig. O2]

O2. La statue d'Athena ou « La France apportant la paix et la prospérité aux colonies » du scultpeur Léon Drivier lors de l'inauguration du musée des colonies. La statue se situe aujourd'hui place Édouard-Renard, à quelques mètres du Musée.

[fig. 03]

03. Une affiche de l'Exposition représentant trois figures issues de plusieurs espaces colonisés. « La plus grande France », la « France extérieure » ou encore « la France de cent millions d'hommes » sont des termes du vocabulaire officiel pour nommer l'idée coloniale avec une volonté de faire naître un « esprit impérial » en France métropolitaine.

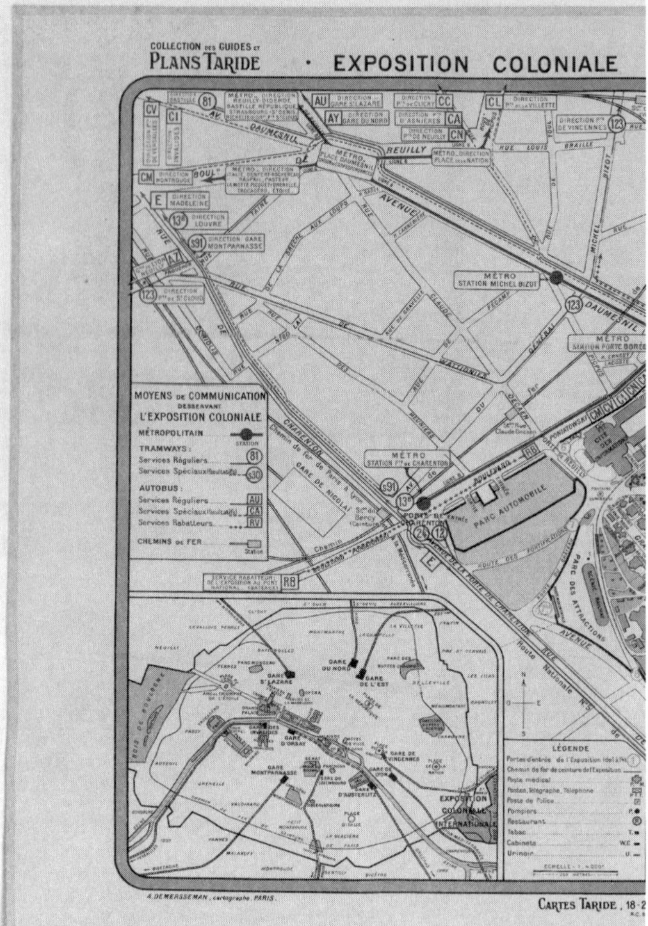

COLLECTION DES GUIDES ET PLANS TARIDE
EXPOSITION COLONIALE
MOYENS DE COMMUNICATION DESSERVANT L'EXPOSITION COLONIALE
MÉTROPOLITAIN
TRAMWAYS :
Services Réguliers
Services Spéciaux
AUTOBUS :
Services Réguliers
Services Spéciaux
Services Rabatteurs
CHEMINS DE FER
MÉTRO STATION MICHEL BIZOT
MÉTRO STATION PORTE DORÉE
MÉTRO STATION Pte DE CHARENTON
PARC AUTOMOBILE
PARC DES ATTRACTIONS
GARE DE NICOLAÏ
GARE St LAZARE
GARE DU NORD
GARE DE L'EST
GARE D'ORSAY
GARE MONTPARNASSE
GARE DE VINCENNES
GARE D'AUSTERLITZ
EXPOSITION COLONIALE INTERNATIONALE
LÉGENDE
A. DEMERSSEMAN, cartographe, PARIS.
CARTES TARIDE, 18-2

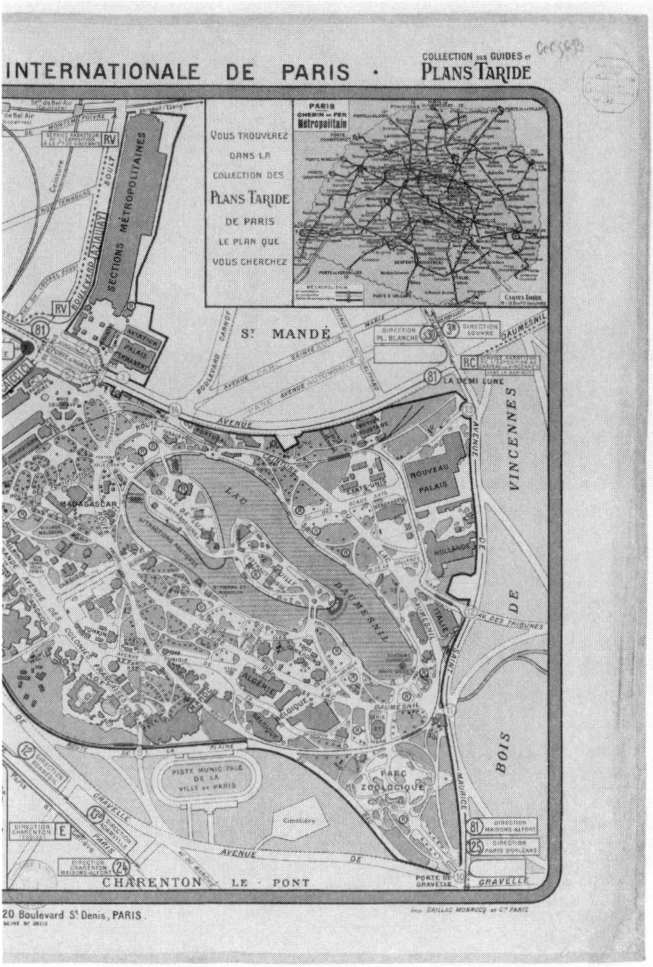

[fig. 04]

04. **Carte permettant de repérer les pavillons, villages indigènes et attractions diverses dans l'Exposition coloniale de 1931, véritable « Disneyland avant la lettre » d'après l'historienne Catherine Hodeir.**

[fig. 05]

05. **Vue aérienne d'une partie de l'Exposition coloniale de 1931. Un ensemble de constructions, éphémères pour la plupart, qui s'étend sur 110 hectares dont l'entrée principale est située à la Porte Dorée.**

[fig. O8]

[fig. O7]

O8. **Attraction majeure de l'Exposition coloniale, l'immense réplique du temple cambodgien d'Angkor Vat (plus grand que le Sacré-Coeur) était animée par des danseuses cambodgiennes et des spectacles nocturnes de sons et lumières.**

O7. **Pavillon dédié à l'industrie délivrant les informations techniques au public individuel et professionnel pour développer des activités en colonie. Le bâtiment disposait d'une salle de cinéma de 1 500 places, présentant des films sur les colonies.**

[fig. 08]

08. N'ayant pas obtenu les droits de reproduction, vous ne verrez pas le carton d'invitation Louis Vuitton durant l'Exposition Coloniale. En 1931, les événements, les vitrines et les publicités de marques de luxe et des Grands Magasins Parisiens se mettent au rythme de l'Exposition en mettant en avant des produits issus des colonies françaises.

[fig. 09]

09. Vente du casque colonial ou « salacot ». Le public de l'Exposition était invité à acquérir de nombreux souvenirs : livres, médailles, bibelots, cartes postales, affiches. 8 millions de personnes ont visité l'Exposition coloniale.

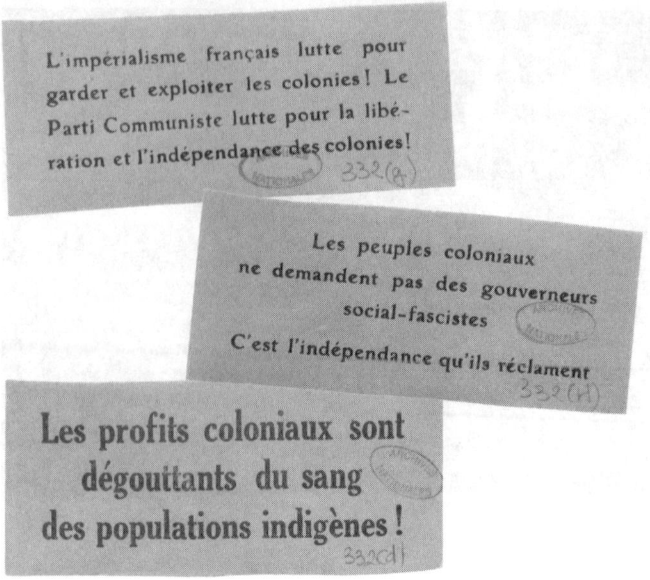

L'impérialisme français lutte pour garder et exploiter les colonies! Le Parti Communiste lutte pour la libération et l'indépendance des colonies!

Les peuples coloniaux
ne demandent pas des gouverneurs
social-fascistes
C'est l'indépendance qu'ils réclament

Les profits coloniaux sont
dégouttants du sang
des populations indigènes!

[fig. 10]

10. **Divers tracts de protestation contre la politique coloniale en Indochine distribués en 1931. Tracts diffusés par le Parti communiste français (PCF).**

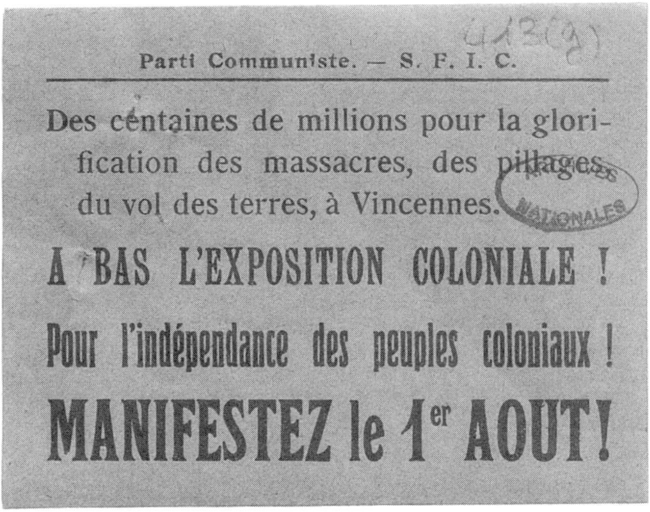
Parti Communiste. — S. F. I. C.

Des centaines de millions pour la glorification des massacres, des pillages, du vol des terres, à Vincennes.

A BAS L'EXPOSITION COLONIALE !

Pour l'indépendance des peuples coloniaux !

MANIFESTEZ le 1er AOUT !

[fig. 11]

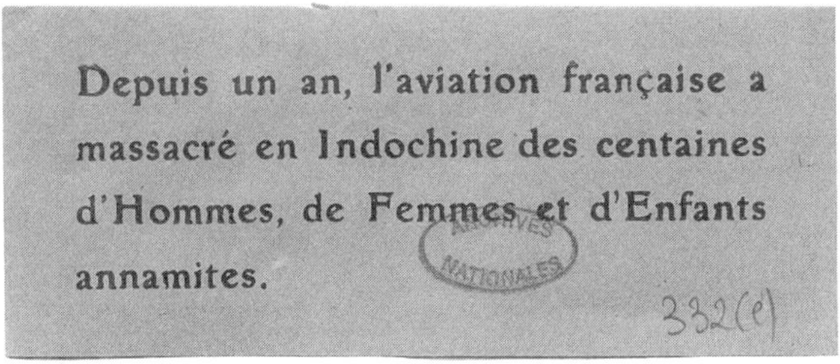
Depuis un an, l'aviation française a massacré en Indochine des centaines d'Hommes, de Femmes et d'Enfants annamites.

[fig. 12]

11. Document collecté dans le cadre de la Surveillance du PCF par la Direction de la Sûreté nationale du ministère de l'Intérieur sous la IIIe République, 1931.

12. Tract distribué par des Vietnamiænnes aux abords de l'Exposition coloniale de 1931.

28e ANNÉE. — N° 11432 — JEUDI 7 MAI 1931

SERVICE GRATUIT

l'Humanité

ORGANE CENTRAL DU PARTI COMMUNISTE (S.F.I.C.)

LES PRÊTRES PORTENT BIEN LEUR OPIUM A DOMICILE — FAITES SIGNER A DOMICILE LA PÉTITION EN FAVEUR DE ROUSSENQ

POUR LE RETOUR DE ROUSSENQ ET LA LIBÉRATION DES MUTINS DE CALVI... SIGNEZ LA PÉTITION

UN « GRAND » DÉBAT DE POLITIQUE ÉTRANGÈRE

TANDIS QU'EN ANNAM LE SANG COULE...

La foire de Vincennes a été ouverte hier par un discours impérialiste de Paul Reynaud

Et les gogos sont invités à visiter, dès aujourd'hui, des chantiers en construction

D'après une dépêche de Saïgon des centaines d'Annamites manifestant le Premier Mai seraient tombés sous les mitrailleuses des mercenaires français

LA VIE DE TAO EST EN DANGER !

A la Santé notre camarade Merel-Vevoz est dangereusement malade

Les travailleurs doivent imposer son transfert à l'hôpital et sa libération

LE COMMUNISME EN ESPAGNE

UNE ENQUÊTE DE « L'HUMANITÉ »

LA VIE LAMENTABLE DES TRAVAILLEURS DU TEXTILE DU NORD

Ce sont des salaires déjà insuffisants que le consortium de Roubaix-Tourcoing veut amputer de 10 %

RIPOSTE AUX CHARGES POLICIÈRES

A Montbéliard 2.000 travailleurs manifestent dans la rue et devant la prison

Cette puissante démonstration oblige les pouvoirs publics à relâcher neuf grévistes

APRÈS L'INTERDICTION DU FRONT ROUGE

Le préfet de police social-fasciste de Berlin interdit la *Rote Fahne*

Le prolétariat berlinois riposte, manifeste dans la rue et désarme les policiers

La riposte ouvrière

Fraction communiste au Parlement

LE DRAME DES ILES DE LA DÉSOLATION

Le scorbut passe... et par deux fois la mort frappe les captifs de Saint-Paul

Un témoin parle

AUX ASSISES DE LA SEINE

[fig. 13]

13. **Une du journal** l'Humanité **revenant sur l'inauguration de l'Exposition coloniale internationale appelée ici « foire impérialiste ». Le journal relaie quotidiennement les exactions commises dans les colonies (cf. fig. 14).**

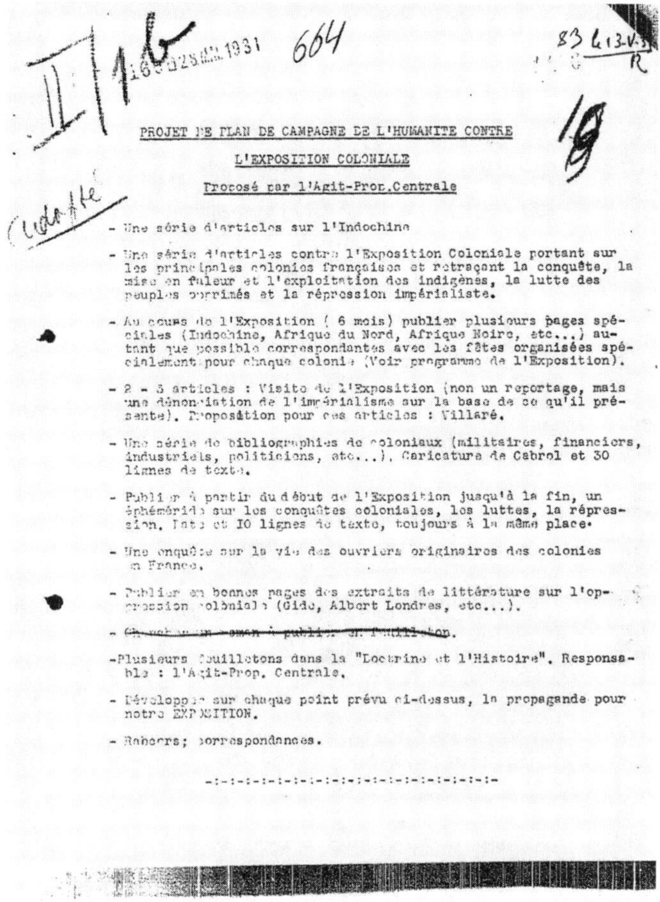

II/16 29 MAI 1931 664

PROJET DE PLAN DE CAMPAGNE DE L'HUMANITE CONTRE

L'EXPOSITION COLONIALE

Proposé par l'Agit-Prop. Centrale

Adopté

- Une série d'articles sur l'Indochine
- Une série d'articles contre l'Exposition Coloniale portant sur les principales colonies françaises et retraçant la conquête, la mise en valeur et l'exploitation des indigènes, la lutte des peuples opprimés et la répression impérialiste.
- Au cours de l'Exposition (6 mois) publier plusieurs pages spéciales (Indochine, Afrique du Nord, Afrique Noire, etc...) autant que possible correspondantes avec les fêtes organisées spécialement pour chaque colonie (Voir programme de l'Exposition).
- 2 - 3 articles : Visite de l'Exposition (non un reportage, mais une dénonciation de l'impérialisme sur la base de ce qu'il présente). Proposition pour ces articles : Villaré.
- Une série de bibliographies de coloniaux (militaires, financiers, industriels, politiciens, etc...). Caricature de Cabrol et 30 lignes de texte.
- Publier à partir du début de l'Exposition jusqu'à la fin, un éphéméride sur les conquêtes coloniales, les luttes, la répression. Tête et IO lignes de texte, toujours à la même place.
- Une enquête sur la vie des ouvriers originaires des colonies en France.
- Publier en bonnes pages des extraits de littérature sur l'oppression coloniale (Gide, Albert Londres, etc...).
- ~~Chercher un roman à publier en feuilleton.~~
- Plusieurs feuilletons dans la "Doctrine et l'Histoire". Responsable : l'Agit-Prop. Centrale.
- Développer sur chaque point prévu ci-dessus, la propagande pour notre EXPOSITION.
- Rabcors; correspondances.

-:-:-:-:-:-:-:-:-:-:-:-:-:-:-:-:-:-

[fig. 14]

14. **Document interne du journal** l'Humanité **détaillant le plan de campagne contre l'Exposition coloniale internationale mis en place durant l'année 1931. Parmi les actions, la promotion de la contre-Exposition.**

[fig. 15]

15. **Affiche de l'exposition « La vérité sur les colonies » visant à protester contre l'Exposition coloniale de 1931, organisée par la Ligue contre l'Impérialisme et l'Oppression coloniale, la ligue Anarchiste sur un terrain appartenant à la CGTU (aujourd'hui place du Colonel Fabien Paris 19e). Cette exposition rassemble 5 000 personnes.**

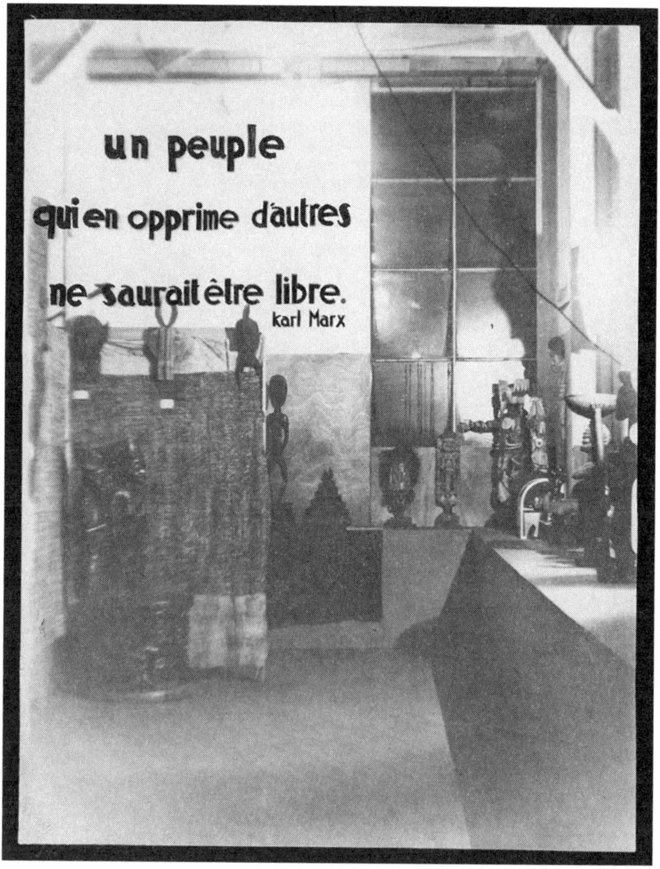

[fig. 18]

18. **Intérieur d'une salle scénographiée par Louis Aragon, Paul Éluard et Yves Tanguy au sein de l'exposition anticoloniale « La vérité sur les colonies ».**

[fig. 17]

17. **Couverture de la revue** Légitime Défense**, publiée en 1932 par un groupe de jeunes intellectüelles et poètes martiniquaixses se réclamant du surréalisme et de la dialectique marxiste. Il n'y aura qu'un numéro, la revue étant censurée par le Ministère des Colonies qui coupe par la même occasion les bourses des étudiantxes. Un mémoire de Sciences Politiques consacré à la revue est consultable en ligne https://inshallahjaimonmaster.tumblr.com/.**

TROISIÈME ANNÉE N° 109 — LE NUMÉRO 1 FR. — VENDREDI 9 DÉCEMBRE 1932

L'AURORE MALGACHE

ORGANE INDÉPENDANT
DE DÉFENSE DES INTÉRÊTS GÉNÉRAUX DE MADAGASCAR
PARAISSANT LE VENDREDI

Administration et Rédaction
Rue Galliéni — Ambodrona
Tananarive

La Correspondance et les mandats doivent être adressés au Secrétaire de la rédaction.

FONDATEURS : Directeur Politique : PAUL DUSSAC
Rédacteur en Chef : JULES RANAIVO
Secrétaire de Rédaction : Em. RAZAFINDRAKOTO

Un gentilhomme qui tue un juif paye quatre sous d'amende; un homme du peuple qui en tue un autre est pendu.
VICTOR HUGO (Marie Tudor)

Les manuscrits insérés ou non ne sont pas rendus
ABONNEMENT
UN AN : 50 FRS. SIX MOIS : 27 Frs.

DÉPOT LÉGAL
N° 9952

PROTESTATION

Avec l'ultime indignation de leurs âmes libres dans des corps d'esclaves, asservis par la 3me République, en présence de la carence du Parlement Français, incapable de protéger en territoire Français, les principes du droit, de la justice, de la liberté, de l'humanité de la France Républicaine, les prolétaires malgaches font entendre, auprès de la France prolétarienne et du prolétariat mondial, le cri de suprême protestation contre un régime infernal d'oppression, digne des temps barbares, qui permet LA CONDAMNATION SANS JUGEMENT, à la déportation et à l'exil, de deux des leurs, journalistes, rédacteurs de « L'Opinion », journal assassiné par l'impérialisme Français, RALAIMONGO et RAVOAHANGY, dont le plus grand crime consiste à être DES INDIGÈNES, c'est à dire DES ESCLAVES MODERNES alors qu'ils devraient être avec tous les malgaches, conformément au droit international, SOIT DES CITOYENS FRANÇAIS LIBRES, en vertu de la loi d'annexion du 6 Août 1896, SOIT DES CITOYENS MALGACHES LIBRES, en vertu du principe du droit des peuples de disposer d'eux-mêmes, principe pour la défense duquel plus de dix millions d'hommes sont morts.

LES GRANDS ENFANTS

Nous sommes des hommes faits, vous êtes mariés, pères de famille même, vous portez des pantalons, des paletot's, des faux-cols, des belles cravates, des casques, des chapeaux. Vous êtes de grands commerçants, d'honorables négociants, de grands industriels, des rentiers, de gros propriétaires, des instituteurs, des professeurs, des gros fonctionnaires. En un mot, vous êtes des hommes faits physiquement et rien ne vous différencie des autres hommes qui sont cependant mieux considérés que vous malgaches. Mais à tout bout de champ, l'administration vous traite de grands enfants. En effet, dès votre moindre contact avec tout représentant du fanjakana, n'importe lequel, vous n'êtes plus les hommes que vous êtes, vous devenez des vrais enfants, des grands enfants. C'est là du moins l'opinion qu'à de vous le Fanjakana (gouvernement). Vous tremblez dans votre pantalon, devant ces représentants du Fanjakana, vous perdez la tête, vous n'avez plus confiance en vous-mêmes, vous perdez votre équilibre mental, vous cherchez à lui et si vous ne le pouvez pas, vous faites tout votre possible pour vous attirer la pitié du représentant du Fanjakana (gouvernement), en véritables lâches comme si vous vous sentez déjà coupables de je ne sais quoi. Vous faites remuer quelque chose dans votre poche vous faites entrevoir un papier coloré et si votre calcul prend — c'est rare que ça ne prend pas — vous glissez subrepticement le papier de valeur. Puis votre ray aman-dreny vous sourit et, vous aussi, vous reprenez haleine.

Avec tout cela, vous dites, toujours en véritables lâches, que ce fanjakana-là, c'est votre ray aman-dreny (père et mère chéri) et celui à qui vous remettez le papier sacré est bien un ray aman-dreny. Quand vous entrez donc dans les bureaux, vous êtes chez vos parents et ce sont leurs esclaves qui vous reçoivent. Et ces derniers étant les représentants de vos parents (ray aman-dreny), pourquoi avez-vous peur ? Pourquoi vous cherchez à vous attirer leur bonne grâce ?

Votre Ray aman-dreny (Fanjakana) vous dit : « J'aime que vous ayez le culte de la vérité, et, cette vérité, c'est la mienne ». Or, vous vous dites, il n'y a qu'une seule vérité, c'est celle du Fanjakana ray aman-dreny (gouvernement père et mère). Est-ce vrai cela ? Vous en êtes bien convaincus ? — Si vous êtes consciencieux, admettiez-vous que tout ce que vous dit le Fanjakana soit l'expression exacte de la vérité, parce que c'est le ray aman-dreny qui le dit. Oui, vous acceptez cette vérité, malgré vous, car vous vous dites qu'il ne faut pas démentir, même avec des preuves, le « Ray aman-dreny », celui-ci ne devant pas mentir et même s'il ment, il ne faut pas le lui dire par respect, il faut, au contraire, le remercier et faire semblant de croire en sa vérité-fausse.

Donc, le ray aman-dreny ne doit pas mentir, mais s'il ment il ne faut pas le lui dire, malgré que tout le monde le sait.

Pantalonés, cravatés, faux-colisés, vous êtes quand même des grands enfants. Voilà pourquoi, à tout bout de champ, l'on dit, à juste titre que les malgaches sont des grands enfants, car ce que lui dit le Fanjakana doit être considéré par eux comme des vérités, comme parole d'évangile, même qu'elles soient fausses archi-fausses. Le Fanjakana est censé ne dire que la vérité, infaillible.

C'est le contraire de tout cela qui devrait cependant se produire, si les malgaches n'étaient pas des grands enfants. C'est quand même honteux d'être traité d'enfant alors qu'on est pantaloné, casqué, cravaté, et faux-colisé, père de famille aussi.

Mettez-vous bien dans la tête, malgaches, grands enfants, que les fonctionnaires sont les serviteurs du public, c'est à dire qu'ils sont payés par vous, contribuables, pour servir l'intérêt public. Aucun d'eux n'a le droit de vous maltraiter ou de causer avec vous en employant de gros mots. Le respect doit être mutuel.

Quand vous allez chez les particuliers, qui ne sont pas des fonctionnaires que vous payez avec vos impôts, comme les avocats, les agents d'affaires, les médecins, etc... vous payez avant de vous entretenir avec eux, ou après l'entretien, tandis que dans les bureaux des fonctionnaires, ceux-ci sont à votre disposition pendant les heures des bureaux et doivent vous donner satisfaction si le service que vous leur demandez est de leur ressort. S'ils ne vous donnent pas satisfaction vous êtes dans votre droit le plus absolu de vous plaindre à leurs chefs, et si ceux-ci ne vous donnent pas satisfaction, vous avez toujours le droit le plus absolu, de vous adresser aux chefs de ceux ci jusqu'à la plus haute hiérarchie, et même jusqu'en France, jusqu'à ce que votre droit soit reconnu !

Bien entendu, tout cela doit être fait avec toute la règle de convenance et du savoir vivre.

Il est donc faux et archi-faux de considérer le Fanjakana (gouvernement) comme Ray aman-dreny (père et mère).

C'est vous contribuables de toutes les catégories qui êtes plutôt les Ray aman-dreny du Fanjakana, puisque sans vous ce Fanjakana n'existerait pas. C'est vous qui le

(VOIR LA SUITE EN 2me PAGE)

Toujours leurs mensonges !

L'ORIGINE DE LA RÉVOLTE DE BEKILY
TRADUCTION D'UN DOCUMENT ÉCRIT EN MALGACHE

Tuléar, le 5 Novembre 1932

Voici quelques détails circonstanciés sur les événements de Bekily (deux affaires, sources de la révolte) :

1re AFFAIRE (FIRIMPO ET CONSORTS)

Dans le district de Bekily (Région de Fort-Dauphin), les vols de bœufs se pratiquent sur une grande échelle. [illegible]

[fig. 18]

18. **Le journal** L'Aurore Malgache**, ici daté du 9 décembre 1932, fait partie de la riche presse anticoloniale qui s'échange, souvent de manière clandestine, car censurée, et circulent entre France et colonies.**

Le Numéro: VINGT-CINQ centimes

PARIS

le Paria 報働勞

Organe des Peuples opprimés des Colonies

Le travail forcé pour les Indigènes

Vive Pham-Boï-Chau!

L'Algérie martyre

Le Radical-Socialiste Violette à l'œuvre

L'Insurrection de la Syrie

Marcel CACHIN

[fig. 19]

19. Le Paria, journal de l'Union intercoloniale, créée en 1921 par le PCF et Nguyen Ai Guoc (alias Hô Chi Minh, cf. fig. 20]). Publié jusqu'en 1926. On pouvait par exemple y lire les articles de Ferhat Abbas, futur président du premier gouvernement provisoire de la République algérienne (GPRA) ou du militant sénégalais Lamine Senghor, créateur du Comité de Défense de la Race Nègre.

[fig. 20]

20. **Hô Chi Minh (1890-1969) debout au Congrès du Parti communiste français (PCF) en 1920. Il est notamment l'auteur du** Procès de la colonisation française **publié en 1924, et a été le président de la République démocratique du Viêt Nam de 1945 à 1969.**

[fig. 21]

21. Manifestations en Syrie dans les rues de Damas en 1920 pour le mouvement d'indépendance contre le mandat français.

[fig. 22]

22 Abdelkrim al-Khattabi (1882-1963), chef du mouvement de résistance contre la France et l'Espagne lors de la guerre du Rif au Maroc (1921-1926). Le maréchal Pétain est nommé pour réprimer la révolte en 1925, répression qu'il menera avec Franco.

[fig. 23]

23. Résistants marocains du Rif (Maroc), combattant sous les ordres de Abdelkrim al-Khattabi contre l'occupant espagnol et français en 1922. « Des avions munis de gaz moutarde bombarderont des villages entiers, faisant des Marocains les premiers civils gazés de l'histoire contemporaine. » source : Makarian Christian, « Une sale guerre oubliée », L'Express, 22 mai 2008.

[fig. 24]

24. Photographie prise au Congrès international contre l'oppression coloniale à Bruxelles, en février 1927, auquel assistent des représentants de l'African National Congress (ANC), de l'Étoile nord-africaine (ENA) ainsi que Lamine Senghor (6e en partant de la gauche), Messali Hadj, Albert Einstein, Henri Barbusse, Victor Basch et Jawaharlal Nehru.

[fig. 25]

25. **Ndaté Yalla (1810-1860), dernière grande reine du Waalo, royaume Wolof dans le Nord-Ouest du Sénégal, affronte avec son armée l'expédition militaire de Faidherbe en 1855.**

[fig. 26]

26. Timbre représentant Samori Touré (1830-1898), autre figure de la résistance aux invasions et aux expéditions coloniales (françaises et britanniques). Il mène une lutte pendant plus de vingt ans contre les troupes coloniales en Guinée.

[fig. 27]

27. **La dernière reine malgache Ranavalona III (1861-1917), qui tenta de préserver l'île de la colonisation fut déportée à La Réunion par Gallieni en 1897 et forcée à l'exil à vie.**

[fig. 28]

28. Dans les colonies des autres empires occidentaux, la résistance s'organise. Mary Muthoni Nyanjiru (? -1922) mène une manifestation à Nairobi (Kenya) pour faire libérer Harry Thuku, au cours de laquelle elle est tuée avec de nombreuses personnes. Elle inspira l'hymne de la Révolte des Mau Mau en 1950, au nom du peuple Kikuyu contre l'Empire britannique.

[fig. 29]

29. Sarojini Naidu (1879-1949), poétesse et femme politique indienne. Elle fut dirigeante du mouvement des femmes en Inde (Indian Women's Movement) dans les années 1930 et présidente du National Congress of India, fer de lance du mouvement d'indépendance indien.

[fig. 30]

30. En juillet 1911, l'équipe du Mohun Bagan de Calcutta, en photo ici, remporte la coupe de l'IFA Shield contre l'équipe de la British Army East Yorkshire Regiment. Pour beaucoup, cette victoire constitue un événement majeur dans la lutte de libération indienne du joug britannique, les commentaires relevant que les joueurs ont concuru pieds nus face à l'équipe militaire britannique chèrement équipée.

[fig. 31]

31. Membres du mouvement « Union féministe égyptienne » crée en 1923 par la féministe anticoloniale Huda Sharawi (au centre, assise, avec un foulard noir) en 1944 à Jérusalem.

CONCILIO ET LABORE
Labour with a WHITE
Emancipate itself while Labour with a BLACK
Branded
OPPRESSED PEOPLES of the world UNITE!
AFRICA
AFRICANS
ETHIOPIA
EXIT
SEA
ARABS AND JEWS UNITE! AGAINST BRITISH IMPERIALISM
Down with TRUSTEESHIP

[fig. 32]

32. Le cinquième congrès panafricain qui se tient à Manchester, en octobre 1945, au sortir de la Seconde Guerre mondiale représente une étape majeure sur le chemin qui menera aux indépendances.

[fig. 33]

33. Décoloniser les Arts (DLA) devant le Monument à la mission Marchand. Lecture de trois poèmes de Léon-Gontran Damas, poète guyanais, suivi d'un temps de commémoration « Pour nos ancêtres tuéées par les exactions des colonisateurs barbares : sucre, café et tabac. Que leurs âmes reposent en paix. » Action menée à la fin de la visite décoloniale du Musée et du monument, organisée en septembre 2019.

[fig. 34]

34. Rassemblement du collectif Decolonize this Place devant le Museum américain d'histoire naturelle de New-York pour faire déplacer la statue raciste de Theodore Rooselvet qui trônait devant la façade (ici couverte d'un drap noir) en 2016. La statue a été retirée en 2020. (voir p. 121 pour plus d'explications).

[fig. 35]

35. **Commentaire et drap noir sur la statue de Joseph Gallieni à Paris le 16 juin, 2020.**

[fig. 38]

38. **Action de la Brigade Anti-Négrophobie (BAN) sur la statue de Colbert devant l'Assemblée Nationale le 23 juin 2020.**

I. Sur le monument Marchand, l'article d'Olivier Favier, « "Aucun ménagement à garder" : Pour une autre histoire du monument Marchand », regorge d'informations qui m'ont été très utiles, voir http://dormirajamais.org/ ; voir aussi l'article « Un épisode des rivalités dans la conquête de l'Afrique : La "mission Marchand" et Fachoda », https://histoirecoloniale.net/ ; Jean-Louis Tremblais (texte) et Collection privée P. Vallery-Masson/T. d'Athis (photos), « L'album photo de la mission Marchand », *Le Figaro* [en ligne], 2010 ; « Le retour des héros. Les cadres de la mission Marchand - 1899 », military-photos.com ; Alban Sumpf, « Le général Marchand », *Histoire par l'image* [en ligne] ; Paul d'Ivoi, « La Mission Marchand (Congo-Nil) », Fayard Frères, 1899 ; ou encore le dossier thématique « La Mission Marchand », textes : Isabelle Dion, réalisation technique et graphique : David Cense, travaux photographiques et numérisation, Atelier photographique des ANOM, *Archives nationales d'outre-mer* [en ligne].

II. Sur le rôle de l'Exposition coloniale dans la diffusion de l'idée coloniale, voir : Christelle Lozère : « Le rôle de l'exposition permanente des colonies dans la diffusion de l'idée coloniale française », Gaïac, IUFM/Espace Martinique, 2016, pp. 33-44.

III. Sur le Paris noir, voir : Michel Fabre, *From Harlem to Paris : Black American in France, 1840-1980*, University of Illinois Press, 1993 ; Petrine Archer-Straw, *Negrophilia : Avant-Garde paris and Black Culture in the 1920s*, Thames & Hudson, 2005 ; Pascal Blanchard, Eric Deroo et Gilles Manceron, *Le Paris Noir*, Hazan, 2001 ; Collectif et Aurélien Masson, *Paris Noir. Nouvelles noires*, Asphalte, 2019. La magnifique exposition « La Bibliothèque Chirumenga », à la BPI, Paris, 2 avril-3 mai 2021, a dessiné plusieurs cartographies des circulations des prémisses et des mises en œuvre des études noires. Voir aussi les visites guidées : http://www.blackpariswalks.com/about/ et http://www.blackparistour.com

IV. Sur les statues de femmes, voir : Hortense de Montalivet, « À Paris, les statues de femmes sont rares mais en plus elles sont problématiques », *Huffington Post* [en ligne], 29 janvier 2021 ; Camélia Echchihab, « Paris féministe : statues, noms de rue... à la recherche des invisibles », *Télérama* [en ligne], 18 juillet 2019 ; Thierry Noisette, « Statues parisiennes : où sont les femmes ? » *L'Obs* [en ligne], 21 novembre 2016 ; Cristel Sniter, *Les statues de femmes célèbres, érigées à Paris de 1870 à nos jours. Entre lieux de mémoire et espace d'investissement*, Tours : Presses universitaires François-Rabelais, 2004.

V. Voir : Nell Irvin Painter, *Histoire des Blancs*, Max Milo, 2019 ; Sylvie Laurent et Thierry Leclère, *De quelle couleur sont les blancs ?*, La Découverte, 2013 ; Aurélia Michel, *Un monde en nègre et blanc. Enquête historique sur l'ordre racial*, Points-essais, 2020.

Bibliographie sélective

VI. Sur le déboulonnage de Victor Schœlcher à Fort de France, voir : la chaîne *Mawon TV*, https://www.facebook.com/MawonTV/ ; Peggy Pinel-Fereol, « La destruction de statues de Victor Schœlcher justifiée par des militants mais condamnée par des figures martiniquaises », *France Tv info* [en ligne], 23 mai 2020 ; Isis Labeau-Caberia, « La Martinique, malade de sa colonialité et de sa structure gérontocratique », *France Antilles Martinique* [en ligne], 28 mai 2020 ; Fola Gadet, « Le débat ce n'est pas ça ! », *France-Antilles Martinique* [en ligne], 24 mai 2020 et Françoise Vergès, « The White Savior or Racism Without Race », *Rosa Luxembourg Foundation* [en ligne], 6 octobre 2020. Sur le déboulonnage, le taggage, ou le détournement de statues d'esclavagistes, de colonisateurs, de fascistes, en Angleterre, aux USA, en Italie, en Amérique du Sud, au cours de 2020, il existe de nombreuses sources, voir entre autres : Caroline Crosdale, « Statues : aux Etats-Unis, les déboulonnages se poursuivent », *Libération*, 22 août 2017 ; Martin Farrer, « Who was Edward Colston and why was his Bristol statue toppled ? » *The Guardian* [en ligne], 8 juin 2020.

VII. Pour la condamnation par Patrick Chamoiseau, voir Héléna Berkaoui, « Colonisation, esclavage : Les statues de la discorde », *Public Sénat* [en ligne], 11 juin 2020 ; par le maire de Fort de France, voir : « Esclavage : deux statues de l'abolitionniste Victor Schœlcher déboulonnées en Martinique », *RT France* [en ligne], 23 mai 2020 ; « Vers un déboulonnage des statues à Fort-de-France, le maire réagit », *Zay Actu* [en ligne], 24 juillet 2020 ; par le président de la République (« En abolissant l'esclavage il y a 172 ans, Victor Schœlcher a fait la grandeur de la France »), voir : « Deux statues de Victor Schœlcher brisées par des manifestants en Martinique », *Le Monde* [en ligne], 23 mai 2020 ; Peggy Pinel-Fereol, op.cit., et Vincent Lemiesle, « On vous explique les motivations de ceux qui ont renversé une statue de l'abolitionniste Victor Schœlcher en Guyane », *France 3 - Grand Est*, [en ligne] 20 juillet 2020.

VIII. Voir l'intégralité du discours dans Aimé Césaire, *Écrits politiques I. Discours à l'Assemblée nationale, 1945-1983*, Nouvelles éditions Place, 2013 ; Françoise Vergès, *La loi du 19 mars 1946 : les débats à l'Assemblée constituante*, CCT, 1996 et Pascal Blanchard, Nicolas Bancel et Françoise Vergès, *La République coloniale. Essai sur une utopie*, Albin Michel, 2003.

IX. Marie-Jeanne Rossignol, « Les statues des confédérés dans l'espace public aux États-Unis : pourra-t-on en finir avec une « mauvaise cause » ? », *Transatlantica* [en ligne], 2017 ; « À Washington, la seule statue d'un général confédéré abattue par des manifestants », *Le Monde* [en ligne], 20 juin 2020.

X. Voir : « La statue de l'abolitionniste Schœlcher renversée à Cayenne », *Le Monde avec AFP* [en ligne], 20 juin 2020.

Bibliographie sélective

XI. Voir : « La statue du général Gallieni recouverte d'un drap noir par des militants antiracistes », *LCI* [en ligne], 18 juin 2020 ; Héléna Berkaoui, Rachida El Azzouzi et Fanny Pigeaud, « Gallieni, Bugeaud, Faidherbe… les héros sanguinaires de la discorde », *Mediapart* [en ligne], 27 juin 2020.

XII. Voir : « La statue de Colbert devant l'Assemblée nationale taguée "Négrophobie d'État" », *Le HuffPost* [en ligne], 24 juin 2020.

XIII. Voir la fiche consacrée au Monument au Maréchal Gallieni sur http://e-monument.net

XIV. Voir aussi : Manassé Esoavelomandroso, « Madagascar de 1880 à 1939 : initiatives et réactions africaines à la conquête et à la domination coloniale », *Histoire générale de l'Afrique. L'Afrique sous domination coloniale*, sous la direction d'Albert Adu Boahen, UNESCO, pp. 361-380 ; Solofo Randrianja, *Société et luttes anticoloniales à Madagascar, 1896-1946*, Khartala, 2003.

XV. Sur les déboulonnages de statues, voir : « London statues with slavery links to be taken down », *The Voice* [en ligne], 22 janvier 2021 ; Simon Osborne, « City of London votes to tear down MORE statues of historical figures linked to slave trade », *L'Express* [en ligne], 22 janvier 2021 ; Chris Baynes, Simon Osbourn, « UK statues which anti-racism protesters want to have taken down », *The Independent* [en ligne] ; Sur l'Italie, voir Margherita Nasi, « L'Italie embarrassée par son patrimoine architectural fasciste » *Le Monde* [en ligne], 2 mars 2018.

XVI. À ce propos voir la polémique à Bordeaux suscitée par l'idée de la mairie de débaptiser une école du nom de « Paul Bert » : Yves Maugue, « Débaptiser une école du nom d'un ministre considéré aujourd'hui comme raciste, la polémique agite Bordeaux », *France Bleu Gironde* [en ligne], 21 janvier 2021 ; Salomé Vincendon, « Tout comprendre-faut-il déboulonner les statues du passé ? », *BFM TV* [en ligne], 10 juin 2020.

XVII. « Emmanuel Macron : "la République n'effacera aucune trace" et "elle ne déboulonnera pas de statues" », *France Inter* [en ligne], 14 juin 2020.

XVIII. Kingsley Ighobor, « Ressources minières : la fin d'une malédiction ? », *Afrique renouveau* [en ligne], avril 2014.

XIX. Ighobor, op.cit ; voir aussi : Kako Nubukpo, « L'Afrique malade de ses économistes », *Alternatives économiques*, 21 septembre 2011 et *L'urgence africaine. Changeons de modèle de croissance !*, Odile Jacob, 2019.

XX. Aboubacar Yacouba Barma, « Des multinationales françaises épinglées pour leurs pratiques fiscales en Afrique », *Afrique-La Tribune* [en ligne], 13 avril 2017 ; voir aussi : Fanny Pigeaud et Ndongo Samba

Sylla, *L'arme invisible de la Françafrique. Une histoire du Franc CFA*, La Découverte, 2018 ; Dambisa Moyo, *L'aide fatale : les ravages d'une aide inutile et de nouvelles solutions pour l'Afrique*, Édition Jean-Claude Lattès, 2009.

XXI. Sur Albert Laprade, voir Albert Laprade, *Les carnets d'architecture d'Albert Laprade*, Kubik éditions, 2008 ; Maurice Culot et Anne Lambrichs, *Albert Laprade (1883-1978)*, Norma, 2007 ; Anne Demeurisse (sous dir.) *Alfred-Auguste Janniot (1889-1969)*, Somogy, 2003 ; sur le bâtiment, voir Hélène Bocard, *Le palais de la Porte Dorée*, éditions du Patrimoine, Collection (s) : Itinéraires du patrimoine, 2018 ; Maureen Murphy, *Un Palais pour une Cité. Du musée des colonies à la Cité de l'histoire de l'immigration*, RMN-CNHI, 2007 ; Germain Viatte (sous dir.), *Le Palais des colonies, Histoire du Musée des Arts d'Afrique et d'Océanie*, RMN, 2002 ; sur le bas-relief, Georges Petit. « La faune exotique dans les bas-reliefs du musée des Colonies », *La Terre et la vie. Revue d'histoire naturelle*, n°1, février 1931. Sur l'Exposition coloniale : Charles-Robert Ageron « L'exposition coloniale de 1931 : mythe républicain ou mythe impérial », dans Pierre Nora (dir.), *Les Lieux de mémoires*, t. 1, *La République, Gallimard*, 1984 ; Catherine Hodeir et Michel Pierre, *L'Exposition coloniale de 1931*, Complexe, 1991.

XXII. Claire Maingon, op. cit. ; Steve Ungar, « La France impériale exposée en 1931 : une apothéose », Sandrine Lemaire, *Culture coloniale 1871-1931*. Autrement, 2003, pp. 201-211 ; Raoul Girardet, « L'apothéose de la "plus grande France" : l'idée coloniale devant l'opinion française (1930-1935) », In : *Revue française de science politique*, 18e année, n°6, 1968, pp. 1085-1114.

XXIII. Voir : Roland Pourtier, « Les chemins de fer en Afrique subsaharienne, entre passé révolu et recompositions incertaines », *Belgeo*, 2007, pp. 189-202 ; Owona Adalbert, « À l'aube du nationalisme camerounais : la curieuse figure de Vincent Ganty », In : *Revue française d'histoire d'outre-mer*, t. 56, n°204, 3e trimestre 1969. pp. 199-235.

XXIV. Sur la postcolonialité voir notamment : Thomas Brisson « Les "études subalternes" indiennes et le "tournant saidien" », In : *Décentrer l'Occident. Les intellectuels postcoloniaux chinois, indiens et arabes, et la critique de la modernité*, sous la direction de Brisson Thomas, La Découverte, 2018, pp. 215-271 ; Neil Lazarus (dir.), *Penser le postcolonial : une introduction critique*, Amsterdam, 2006 ; Capucine Boidin, « Études décoloniales et postcoloniales dans les débats français », *Cahiers des Amériques latines*, 62 | 2009, pp. 129-140 ; Mamadou Diouf, *L'historiographie indienne en débat, colonialisme, nationalisme et sociétés postcoloniales*, Karthala, 1999 ; Achille Mbembe, *De la postcolonie. Essai sur l'imagination politique dans l'Afrique contemporaine*, Karthala, 2000 ; « Postcolonial et politique de l'histoire », *Multitudes*, n°26, sept. 2006 ; « Qui a peur du postcolonial ? », un dossier coordonné par Jim Cohen, Elsa Dorlin, Dimitri Nicolaïdis, Malika Rahal et Patrick Simon, *Mouvements*, n°51, sept.-oct. 2007 ; Gayatri Chakravorty Spivak, *Les subalternes peuvent-elles parler ?*, Amsterdam, 2009.

XXV. Voir d'abord des historiænnes africainxes dont : Cheikh-Anta Diop, *Nations nègres et culture*, Présence africaine, 2000 ; Joseph Ki Zerbo, *Histoire de l'Afrique noire*, Hatier, 1994 ; Le volume de l'*Histoire générale de l'Afrique*, UNESCO ; « L'anticolonialisme (cinquante ans après). Autour du Livre noir du colonialisme », *Afrique & histoire*, vol.1, n°1, 2003, pp. 245-267 ; Puis, Catherine Coquery-Vidrovitch, « L'Afrique coloniale française et la crise de 1930 : crise structurelle et genèse du Rapport d'ensemble », In : *Revue française d'histoire d'outre-mer*, t. 63, n°232-233, 3e et 4e trimestres 1976 ; *L'Afrique et la crise de 1930 (1924-1938)*, sous la direction de Catherine Coquery-Vidrovitch, op. cit., pp. 386-424 ; Didier Monciaud, « Rebelles contre l'ordre colonial : expériences et trajectoires historiques de résistances anticoloniales », *Cahiers d'histoire. Revue d'histoire critique*, n°126, 2015, pp. 13-18 ; Alain Gresh, « Révoltes prémonitoires dans les colonies », *Le Monde diplomatique*, septembre 2014 ; Bernard Lanne, « Résistances et mouvements anticoloniaux au Tchad (1914-1940) », In : *Revue française d'histoire d'outre-mer*, t. 80, n°300, 3e trimestre 1993, pp. 425-442.

XXVI. Voir entre autres : Amzat Boukari-Yabara, *Africa Unite ! Une histoire du panafricanisme*, La Découverte, 2014, indispensable ; Philippe Dewitte, *Les mouvements nègres en France, 1919-1939*, L'Harmattan, 1985, une référence malgré des manques ; François Manchuelle, « Le rôle des Antillais dans l'apparition du nationalisme culturel en Afrique noire francophone », In : *Cahiers d'études africaines*, vol. 32, n°127, 1992, pp. 375-408 ; Fredrik Petersson, « La Ligue anti-impérialiste : un espace transnational restreint, 1927-1937 », *monde (s)*, novembre 2016, pp. 129-150 ; voir aussi dans *Histoire générale de l'Afrique VII*, UNESCO, 2000 : M'Baye Gueye et Albert Adu Boahen, « Initiatives et résistances africaines en Afrique occidentales de 1880 à 1914 », chapitre 6, pp. 137-170, Walter Rodney, « L'économie coloniale », chapitre 14, pp. 361-380, et Albert Adu Boahen, « La politique et le nationalisme en Afrique occidentale, 1915-1935, » chapitre 25, p. 669.

XXVII. Fatou Sarr, « *Féminismes en Afrique occidentale ? Prise de conscience et luttes politiques et sociales* », In : *Vents d'Est, vents d'Ouest : Mouvements de femmes et féminismes anticoloniaux*, Graduate Institute Publications, 2009 ; voir aussi : « Femmes et politique : résistance et action en Afrique de l'Ouest », *Les Africaines. Histoire des femmes d'Afrique subsaharienne du XIXe au XXe siècle*, sous la direction de Catherine Coquery-Vidrovitch, La Découverte, 2013, pp. 253-288.

Bibliographie sélective

XXVIII. Sur le rôle de la botanique dans la colonisation, voir : Lucile H. Brockway, *Science and Colonial expansion. The Role of the British Royal Botanic*, Yale University Press, 2002 ; Londa L. Schiebinger, *Plants and Empires : Colonial Bioprospecting in the Atlantic World*, Harvard University Press, 2009 ; et l'ouvrage qui démontre les conséquences du pillage, Walter Rodney, *How Europe Underdeveloped Africa*, Verso, 2018.

XXIX. Sur les plantes de résistance, voir : « Plantes de subsistance et de résistance des esclaves en Martinique », *Collectivité de Martinique* [en ligne], mai 2020 ; Françoise Hatzenberger, « La forêt antillaise, lieu de souffrance et d'espérance », In : *L'esclave et les plantations : de l'établissement de la servitude à son abolition. Hommage à Pierre Pluchon*, Presses universitaires de Rennes, 2009 ; Geneviève Leti, « Une médecine traditionnelle à base de plantes. Un héritage à conserver », In : *L'Esclavage de l'Africain en Amérique du XVIe au XIXe siècle : Les Héritages*, Presses universitaires de Perpignan, 2011, pp.179-189 ; Rosa Nallely Moreno Moncayo, « Le maïs mésoaméricain : patrimoine culinaire et religieux dans le vodoun de Ouidah, Bénin. Anthropologie sociale et ethnologie », Université Paris sciences et lettres, 2019.

XXX. Sur les plantes coloniales, voir : Elisabeth Abbott, *Le sucre, une histoire douce-amère*, Fides, 2009 ; Malcom Ferdinand, *Une écologie décoloniale*, Le Seuil, 2019 ; Serge Volper, *Une histoire des plantes coloniales, du cacao à la vanille*, Quae Gie, 2011 ; James Walvin et Philippe Pignarre, *Histoire du sucre, histoire du monde*, La Découverte, 2020 ; Stuart B. Schwartz, « A Commonwealth Within Itself : The Early Brazilian Sugar Industry, 1550-1670 », In : *Tropical Babylons. Sugar and the Making of the Atlantic World, 1450-1680*, Chapel Hill, University of North Carolina Press, 2004, pp. 158-200, p. 162, 164 ; Françoise Vergès, « Comment vivons-nous parmi les plantes ? » in : *36 Short Stories*, Bétonsalon - centre d'art et de recherche, Villa Vassilieff, Beaux-Arts de Paris éditions, Ministère de la Culture, 2017, voir la performance sur le sucre avec Sylvie Robic, « BITTER SUGAR » pour Thomas Hirshhorn « Eternal Flame » Palais de Tokyo, Paris, 14 et 20 juin 2014, voir « Racial Capitalocene », in *Futures of Black Radicalism*, Gaye Theresa Johnson and Alex Lubun, Verso, 2017, voir Bananes, esclavage et capitalisme racial, in : *Affinités des sols*, Uriel Orlow, dir. Alexandra Baudelot, Les Laboratoires d'Aubervilliers, 2018.

XXXI. Voir la notice du Monument à Jean-Baptiste Marchand, Paris 12e sur e-monument.net et anosgrandshommes.musee-orsay.fr ; Pierre Kjellberg, *Le guide des statues de Paris*, La Bibliothèque des Arts, 1973, 2e édition en 1988 ; June Hargrove, *Les Statues de Paris*, Albin Michel, 1989, p. 270, 272, 325.

XXXII. Sur le massacre de Thiaroye, voir l'article de blog et sa bibliographie : Amadou Bal Ba, « Massacre au Camp de Thiaroye,

Justice, Vérité », article de blog sur *Médiapart* [en ligne], 30 novembre 2019 ; Catherine Akpo, « Souviens-toi de Thiaroye ! La mutinerie des Tirailleurs sénégalais du 1er décembre 1944 », *Guerres mondiales et conflits contemporains*, janvier 1996, n°181, pp. 21-26 ; Yves Benot, *Massacres coloniaux, 1944-1950, la IVe République et la mise au pas des colonies françaises*, La Découverte, 1994 ; Françoise Crozet, *Cahiers pour une histoire du massacre de Thiaroye*, Hal Archives Ouvertes, 27 avril 2018 ; Doudou Diallo, « L'aube tragique du 1er décembre 1944, Thiaroye », *Afrique histoire*, 1983 n°7, pp. 49-51 ; Samba Diop, *Thiaroye, 1944, massacre de Tirailleurs ex-prisonniers de guerre*, maîtrise d'histoire, Dakar, UCAD, 1988 ; Eugène-Jean Duval, *L'épopée des Tirailleurs sénégalais*, l'Harmattan, collection études africaines, 2005 ; Julien Fargettas, « La révolte des Tirailleurs sénégalais de Thiaroye, entre reconstruction mémorielle et histoire », *Vingtième siècle*, octobre décembre 2006, n°92, pp. 117-130 ; M'Baye Gueye, « Le 1er décembre 1944 à Thiaroye ou le massacre des Tirailleurs sénégalais, anciens prisonniers de guerre », *Revue Sénégalaise d'Histoire*, 1995, n°1, pp. 3-23 ; Abdoulaye Imourou, « Thiaroye, Oradour-sur-Glane et les défis d'une mémoire partagée, une lecture croisée du Camp de Thiaroye et du Vieux fusil », *Études Littéraires Africaines*, 2015, vol. 40, pp. 61-76 ; Samuel M'Bajum, *Les combattants africains dit Tirailleurs sénégalais au secours de la France, 1857-1945*, Riveneuves, 2013 ; Armelle Mabon, « La tragédie de Thiaroye, symbole du déni d'égalité », *Hommes et Migrations*, 2002, n°1335, pp. 86-95 ; « Le massacre des ex-prisonniers de guerre coloniaux le 1er décembre 1944, à Thiaroye », in : *Nouvelle histoire des colonisations européennes, (XIXe-XXe siècles)*, dir. Lorin Amaury et Taraud Christelle, P.U.F, 2013, pp. 197-209, *Prisonniers de guerre « indigènes », visages oubliés de la France occupée*, La Découverte, 2010, « Une singulière captivité des prisonniers de guerre coloniaux durant la Seconde guerre mondiale », *French Colonial History*, 2006, vol. 7, pp. 187-197 et *Synthèse sur le massacre de Thiaroye*, Sénégal, 1er décembre 1944, Lorient, 14 octobre 2014 ; Martin Mourre, *Thiaroye 1944, histoire et mémoire d'un massacre colonial*, Presses universitaires de Rennes, 2017 et « La répression de Thiaroye, décrire les différents degrés de la violence coloniale », *Les Temps Modernes*, 2017, Vol. 2-3, n°693-694, pp. 87-110 ; Sabine Parent, « Thiaroye, une métaphore vive », *Cahiers internationaux du symbolisme*, 2010, n°125-127, pp. 15-29 et *Mémoire vive de l'événement : Thiaroye et ses réinterprétations artistiques successives*, Université Libre de Bruxelles ; Raphaël Scheck, *Une saison vive : les massacres de Tirailleurs sénégalais, 1945-1960*, éditions sociales, 1972 ; Laure Teulières, in Véronique Bonnet, *Conflits de mémoire*, Paris, Karthala, 2005, pp. 225-227. Deux pièces de théâtre, *Aube de sang* de Cheikh Faty Faye et *Thiaroye, terre rouge* de Ben Diogaye Beye et Boris Boubacar Diop rendent hommage aux martyrs du Camp de Thiaroye.

Patrice Perna et Olivier Otero ont produit une bande dessinée *Morts par la France, Thiaroye, 1944*, Les Arènes BD et XXI, mai 2018,.

XXXIII. Sur l'Alliance révolutionnaire caraïbe (ARC), voir : l'émission radio La Fabrique de l'Histoire, « Les Indépendantismes, épisode 2 : Luc Reinette, itinéraire d'un indépendantiste guadeloupéen » sur *France Culture* [en ligne] ; voir l'article « 21-25 juillet 1987-France. Incarcération des dirigeants de l'Alliance révolutionnaire caraïbe », *Encyclopœdia Universalis* [en ligne], consulté le 1 février 2021 ; Philippe Triay, « Archives d'Outre-mer - 1985 : Guadeloupe, la lutte pour l'indépendance », *France info* [en ligne], 11 juillet 2015 ; aussi le document : *Résistance et lutte armée aux Antilles-Guyane. Chronologie et fragments d'une histoire occultée. Autour de l'ARC et de ses cibles, menilmontant.typepad.fr › files › independance_antilles* ;

XXXIV. Sanford Nowlin, « Workers Remove Statue of Christopher Columbus From Downtown San Antonio Park », *San Antonio Current* [en ligne], 1 juillet 2020 ; Katie White, « The Troubling Stories Behind Five Monuments Around the World That Came Down in Recent Days—and Why Their Removal Was Long Overdue », *Artnet* [en ligne], 2 juin 2020. ; John Otis, « U.S. Statue Removals Inspire Indigenous People In Latin America To Topple Monuments », *GPB* [en ligne], 30 septembre 2020.

XXXV. Voir Sabine Cessou, « En Belgique, les statues du roi Léopold II tombent », *RFI* [en ligne], 14 juillet 2020.

XXXVI. Voir l'émission « Analyse et Décryptage Africains : Histoire coloniale sous l'angle des visites guidées décoloniales », sur la chaîne Youtube « Infos RDCongo Tele LAVDCongo » [en ligne], 6 décembre 2020.

XXXVII. Clémentine Deliss, « Why Africa's future museums should forget Western models », *The Art Newspaper* [en ligne], 13 janvier 2020.

XXXVIII. Voir : « Occupée par des travailleurs sans-papiers, la Cité de l'immigration fermée à nouveau », *Libération* [en ligne], 28 janvier 2011 ; Thierry Leclère, « Des centaines d'immigrés sans papiers à la Cité de l'immigration » *Télérama* [en ligne], 28 janvier 2011 ; Anne Monjaret et Mélanie Roustan, « Digestion patrimoniale », *Civilisations*, 61-1 | 2012, pp. 23-42.

Bibliographie sélective

pp. 130-168	Cahier iconographique
[fig. 01]	Albert Laprade, Palais de la Porte Dorée, 1931 © Adagp, Paris, [1931] Alfred Janniot, Bas relief du palais de la porte dorée - 1931 © Adagp, Paris, [1931] akg-images / arkivi
[fig. 02]	Albert Laprade, Palais de la Porte Dorée, 1931 © Adagp, Paris, [1931] / Alfred Janniot, Bas relief du palais de la porte dorée - 1931 © Adagp, Paris, [1931] ; crédit photographique : Henri Manuel, Inauguration du musée des colonies avec la garde républicaine, 1931, tirage argentique, 18 cm x 23 cm, Musée national de l'histoire de l'immigration, inv.2006.14.1. Source : Établissement public du Palais de la Porte Dorée / Collections du Musée national de l'histoire de l'immigration © EPPPD-MNHI, © Henri Manuel
[fig. 03]	« Palais permanent. Section de synthèse, exposition coloniale internationale de Paris », brochure, 1931. © Groupe de recherche Achac / DR
[fig. 04]	Exposition coloniale internationale de Paris / A. Demersseman, cartographe, Bibliothèque nationale de France
[fig. 05]	Bird's eye view of the exhibition grounds, Walter Mittelholzer, ETH-Bibliothek, 1931
[fig. 06]	Briefkaart van de koloniale expositie van Parijs in 1931, Unknown author - postcard, 1931
[fig. 07]	La Cité des Informations à l'Exposition Coloniale de Paris en 1931, Editions BRAUN - SCAN de CPA
[fig. 08]	Exposition Coloniale : la vente du casque colonial : [photographie de presse] / Agence Meurisse, Bibliothèque nationale de France, 1er juin 1931
[fig. 10]	© Archives nationales (France)
[fig. 11]	© Archives nationales (France)
[fig. 12]	© Archives nationales (France)
[fig. 13]	L'Humanité : journal socialiste quotidien. Auteur : Parti communiste français. Auteur du texte, Bibliothèque nationale de France, 07 mai 1931
[fig. 14]	Fonds de la Section Française de l'Internationale Communiste, Projet de plan de campagne du journal L'Humanité contre l'exposition coloniale, 517_1_1115, portail PANDOR de la Maison des Sciences de l'Homme de Dijon (pandor.u-bourgogne.fr)
[fig. 15]	Fonds de la Section Française de l'Internationale Communiste, Affiche « La vérité sur les colonies », 517_1_1233, portail PANDOR de la Maison des Sciences de l'Homme de Dijon (pandor.u-bourgogne.fr)
[fig. 16]	GRI Digital Collections, views of the exhibition La vérité sur les colonies, 1931.

Crédits cahier iconographique

[fig. 17] Légitime Défense, DR

[fig. 18] L'Aurore malgache : organe indépendant de défense des intérêts généraux de Madagascar, (Tananarive), Bibliothèque nationale de France, département Droit, économie, politique, JO-95405

[fig. 19] Le Paria [Texte imprimé] : tribune des populations des colonies, Bibliothèque nationale de France

[fig. 20] Droits réservés - Mémoires d'Humanité / Archives départementales de la Seine-Saint-Denis (83FI)

[fig. 21] Le mouvement d'indépendance en Syrie, manifestations dans les rues de Damas : [photographie de presse] / [Agence Rol], Bibliothèque nationale de France, département Estampes et photographie, EI-13 (724), 1920

[fig. 22] Ullstein Bild / Roger-Viollet

[fig. 23] Guerriers d'Abd-el-Krim, dans le Rif oriental] : [photographie de presse] / [Agence Rol], Du Taillis, Jean (1873-1932). Bibliothèque nationale de France, 1922

[fig. 24] Archives de l'IFAN, Dakar Sénégal, député du Sénégal, Galandou Diouf dcd le 6 août 1941

[fig. 25] [Illustrations de Esquisses sénégalaises, Physionomie du pays, Peuplades, Commerce, Religions, Passé et avenir, Récits et légendes] / Llanta, lith. ; L'Abbé P.David Boilat, aut. du texte, Llanta, Jacques-François (1807-1864). Lithographe, Médiathèque du musée du quai Branly - Jacques Chirac, Bibliothèque nationale de France

[fig. 26] Timbre de Samori Touré, 1978, Bénin. Série « Héros Africain de la Résistance à l'Invasion coloniale », collection personnelle d'Elara Bertho issu de l'article Elara Bertho, « Photographies de Samori Touré : de la carte postale coloniale aux pochettes de vinyles », Cahiers d'études africaines [En ligne], 230 | 2018, mis en ligne le 01 juin 2020, consulté le 24 avril 2021.

[fig. 27] Mission and Diakonia Archives, VID Specialized University

[fig. 28] DR, Project Courage Pawa 254, Wikipedia and mamluks

[fig. 29] Albert Harlingue / Roger-Viollet

[fig. 30] © Mohun Bagan AC

[fig. 31] Arab Ladies' Union group at King David Hotel Sept. 15 1944 members of the Arab Women's Union with Huda Sharawi (center, seated, with black headscarf). 1944, Jerusalem, akg-images / Liszt Collection© Marine Saiah

[fig. 32] John McNair, General Secretary of the ILP (Independent Labour Party) addresses the Fifth Pan-African Congress, held at Chorlton-upon-Medlock Town Hall in Manchester, 15th - 21st October 1945. Also on the stage is Amy Jacques

	Garvey, the second wife of Marcus Garvey. Original Publication : Picture Post - 3024 - Africa Speaks In Manchester - pub. 10th November 1945 (Photo by John Deakin/Picture Post/Hulton Archive/Getty Images)
[fig. 33]	Marine Saiah, 2020
[fig. 34]	© Decolonize this place, 2020
[fig. 35]	© Françoise Vergès, 2020

[fig. 38]	**© L'objectif de Chris et la Brigade Anti-négrophobie, 2020**
p. 4	**© Seumboy Vrainom :€**
Planche 1 :	*« À ses fils qui ont étendu l'Empire de son Génie et fait aimer son nom au-delà des mers », Seumboy Vrainom :€*
p. 42	**DR, Samuel De Champlain – Portrait**
p. 42	**Copyright Pierre-Olivier Fortin, La statue de Samuel-de-Champlain à Québec, 16 juin 2012, Samuel De Champlain – Statue**
p. 42	**Mfrays, Vitrail représentant Saint Louis à l'église d'Izernore, 2012, Saint-Louis – Vitrail**
p. 42	**DR, Saint-Louis – Statue**
p. 42	**Albert Laprade, Palais de la Porte Dorée, 1931 © Adagp, Paris, [1931] ; crédit photographique : © Dorian Rigal Minuit, 2021**
p. 43	**DR, Jean Baptiste Colbert – Statue**
p. 43	**Domaine public — Gift of The Wildenstein Foundation Inc., 1951, Portrait of Jean-Baptiste Colbert, by Philippe de Champaigne (1655)**
p. 43	**DR, Victor Schoelcher – Statue**
p. 43	**Library of Congress, Prints & Photographs Division, [reproduction number, e.g., LC-B2-1234], Joseph Gallieni – Portrait**
Planche 2 :	*L'exposition coloniale internationale de 1931, Seumboy Vrainom :€*
p. 82	**Bibliothèque nationale de France, 31/8/26, le maréchal Lyautey et M. de Jouvenel [devant le château de Castel-Novel] : [photographie de presse] / [Agence Rol] (Modifiée)**
p. 83	**Muséum national d'histoire naturelle (Paris) - Direction des bibliothèques et de la documentation, Le Zoo de Vincennes**
p. 83	**Ville de Paris / Bibliothèque historique**
p. 83	**Exposition coloniale internationale de Paris / A. Demersseman, cartographe, Bibliothèque nationale de France**
Planche 3 :	*Attentat contre le monument à la mission Marchand, Seumboy Vrainom :€*
p. 116	**Domaine public — édit Dotta Thoissey, Jean-Baptiste Marchand - 1904-02-01 - Thoissey**
p. 117	**Bibliothèque nationale de France,** Le Petit journal. Supplément du dimanche **- VUE 1 page NP**
p. 117	**Bibliothèque nationale de France,** Le Petit journal. Supplément du dimanche **- VUE 8 page 176**

Crédits planches, Seumboy Vrainom :€

p. 48	Albert Laprade, Palais de la Porte Dorée, 1931 © Adagp, Paris, [1931] / Alfred Janniot, Bas relief du Palais de la Porte Dorée - 1931 © Adagp, Paris, [1931] ; crédit photographique : © Dorian Rigal Minuit, 2021
p. 49	Alfred Janniot, Bas relief du Palais de la Porte Dorée - 1931© Adagp, Paris, [1931] ; crédit photographique : © Dorian Rigal Minuit
pp. 50-51	Alfred Janniot, Bas relief du Palais de la Porte Dorée - 1931 © Adagp, Paris, [1931] ; crédit photographique : © Dorian Rigal Minuit, 2020
pp. 52-53	Alfred Janniot, Bas relief du Palais de la Porte Dorée - 1931© Adagp, Paris, [1931] ; crédit photographique : © Dorian Rigal Minuit, 2021
p. 54	[I] Alfred Janniot, Bas relief du Palais de la Porte Dorée - 1931 © Adagp, Paris, [1931] ; crédit photographique : © Dorian Rigal Minuit, 2020
p. 54	[II] Alfred Janniot, Bas relief du Palais de la Porte Dorée - 1931© Adagp, Paris, [1931] ; crédit photographique : © Dorian Rigal Minuit, 2020
p. 55	[III] Alfred Janniot, Bas relief du Palais de la Porte Dorée - 1931 © Adagp, Paris, [1931] ; crédit photographique : © Dorian Rigal Minuit, 2020
p. 55	[IV] Alfred Janniot, Bas relief du Palais de la Porte Dorée - 1931© Adagp, Paris, [1931] ; crédit photographique : © Dorian Rigal Minuit, 2020
p. 55	[V] Alfred Janniot, Bas relief du Palais de la Porte Dorée - 1931© Adagp, Paris, [1931] ; crédit photographique : © Dorian Rigal Minuit, 2021

Décoloniser les Arts (DLA) est une association française créée en 2015 qui milite pour une meilleure représentation des minorités ethniques dans les institutions publiques en France, ainsi que dans le domaine des arts et de la culture. DLA, à travers l'Université Décolonisons les Arts, apporte une meilleure connaissance et une meilleure compréhension des mécanismes de reproduction de la pensée coloniale dans les arts et dans la société en général.

Françoise Vergès s'éduque politiquement en grandissant à La Réunion dans une famille communiste, anticoloniale et féministe. Après avoir travaillé en France dans des groupes anti-impérialistes et exercé comme journaliste et éditrice à Des femmes, Françoise Vergès part aux États-Unis en 1983. Elle y travaille pendant deux ans avant de s'inscrire à l'université où elle obtient une double licence summa cum laude en Science Politique et Études féminines à San Diego, puis un doctorat en Science Politique à l'Université de Berkeley, Californie (1995). Sa thèse Monsters and Revolutionaries. Colonial Family Romance est publiée par Duke University Press (1999). Entre 2007 et 2010, elle travaille à La Réunion à un projet de musée postcolonial pour le XXIe siècle. Entre 2009 et 2012, elle est présidente du Comité pour l'Histoire et la mémoire de l'esclavage. Elle a enseigné à Sussex University, Goldsmiths College, Berkeley et Brown University, et a été titulaire de la chaire Global South (s) de 2014 à 2018 au Collège d'études mondiales, à la Fondation Maison des Sciences de l'Homme (FMSH). Co-fondatrice de l'association Décoloniser les Arts, elle est l'autrice de nombreux ouvrages et articles sur l'esclavage, le colonialisme, l'impérialisme, et l'économie extractiviste et de l'épuisement, traduits dans plusieurs langues. Dernières publications en français : *Un féminisme décolonial*, (2019, La Fabrique) et *Une théorie de la violence ; Pour une politique antiraciste de la protection* (2020, La Fabrique).

Seumboy Vrainom :€ est un apprenti chamane numérique. Pur héritier de l'histoire coloniale française, il a grandi au Luth, une cité de région parisienne, au 13e étage d'une tour, flottant dans le virtuel. Face à une difficulté à se réapproprier la terre, il s'est naturellement plongé dans l'espace numérique. Tendu entre la singularité technologique et l'effondrement de la société thermo-industrielle, il milite pour une écologie décoloniale. Il est le créateur de la chaine pédagogique Histoires Crépues, qui a pour but de rendre accessible des anecdotes de l'histoire coloniale au plus grand nombre. Il envisage l'histoire coloniale comme une histoire *« commune, riche et passionnante qui nous aide à comprendre l'actualité dans laquelle nous vivons aujourd'hui. »*

Collection Arpentages
Shed Publishing
Paris/Marseille

L'ensemble des images et des citations présentes dans cet ouvrage a fait l'objet d'une recherche de droit de reproduction. Dans l'éventualité d'un oubli, la maison d'édition se tient à la disposition des ayants droit. Vous pouvez nous contacter via l'adresse : documentation @shed-publishing.com.

La maison d'édition tient à remercier :
Abdelkader Amarouche
Lee Lellouche
Anys Merhoum
Benjamin Roux
Luc Reinette
Marina Monmirel
Natacha Djedji

Direction artistique et éditoriale
Lydia Amarouche

Texte
Françoise Vergès

Planches visuelles
Seumboy Vrainom :€

Correction, relecture et écriture multigenre
Laura Boullic

Relecture
Sophie Bravo-Morales
Mihena Maamouri
Nesma Merhoum

Iconographie
Lisa Truchassout

Numérisation de la façade du Palais
Dorian Rigal, Minuit

Conception graphique de la couverture
Akakir Studio

Conception graphique
Milène Mahérault

Logotype
Jehane Yazami

Typographies
Jaune,
Studio Triple
Minautor,
Production Type

Papiers
Arena natural rough 90 g/m²
Arena natural smooth 250 g/m²

Achevé d'imprimer
à Laballery, Clamecy
en septembre 2021 - 108094

Diffusion/Distribution
Hobo Diffusion
Makassar

Colophon & remerciements